म्हारी मायड़

म्हारी मायड़

संपादक

डॉ. मीनाक्षी बोराणा

विभागाध्यक्ष,
राजस्थानी विभाग
जे.एन.वि.यू., जोधपुर

साईन्टिफिक®
पब्लिशर्स

प्रकाशक

साईन्टिफिक पब्लिशर्स (इण्डिया)

5–ए, न्यू पाली रोड़, पो.बो. नं. 91
जोधपुर – 342 001 (राज.)
टेलिफोनः 0291–2433323
E-mai: info@scientificpubonline.com
Web: www.scientificpubonline.com

प्रथम संस्करण, 2022

ISBN: 978-93-92590-32-0

भारत में मुद्रित

डॉ. नृसिंह राजपुरोहित स्मृति कोष

राजस्थानी रा चावा अर ठावा साहित्यकार डा.नृसिंहजी राजपुरोहित (गांव खांडप, जिला बाड़मेर) री यादां संजोवण खातर, उणांरा साहित्यिक वारसा नै जीवतौ राखण खातर, उणां रा गुरुपणै नै सरावण खातर उणांरा शिष्यां अर कळूंबीजणां कोष री थरपना करी। इण खातर कोष भांत भांत री गतिविधियां (शैक्षणिक, साहित्यिक अर खेलकूद) हाथ में लेय अेक सिरजणहार, अेक आदर्श शिक्षक अर अेक पूजनीक माणस री यादां नै संजोवण री कोशिश कर रह्यौ है।

कोष बरसां सूं बाड़मेर जिला प्रतिभा सम्मान समारोह रौ आयोजन करवाय रह्यौ है। समारोह में बाड़मेर जिला रा कक्षा दसवीं अर बारहवीं री परीक्षावां में आछा अंक लावणिया विद्यार्थियां, खेलकूद अर दूजी सांस्कृतिक गतिविधियां में राज्य के राष्ट्र स्तरीय होडाहोडां में जिला रौ नाम उजाळणियां विद्यार्थियां अर राजस्थान लोक सेवा आयोग अर संघ लोक सेवा आयोग में सफल होणार विद्यार्थियां रौ बहुमान करीजै अर उणां नै ईनाम दिरीजै। मैणती पण नांणाकीय रूप सूं निबळा जरूरतमंद विद्यार्थियां नै आर्थिक मदद पण दिरीजै। कोष क्रिकेट मैच करावण रै अलावा देशी रम्मत गम्मतां री प्रतियोगितावां पण करवाई ही।

सन 2014–2016 में कोष राजस्थानी कहाणी प्रतियोगितावां करवाई ही। तीनूं बरस कहाणीकारां री सांतरी रचनावां आई ही अर कूंतणी-मंडळ रा फैसला मुजब कोष पेला तीन रचनाकारां नै फूल री ठौड़ पांखड़ी पेश करी ही। कोष श्री जेठनाथजी गोस्वामी, समदड़ी री उथलै कियौड़ी कृति पन्ना धाय रौ प्रकाशन करावण रै साथै साथै शहीद गाथा नांव री पोथी पण छपवाई है। इण पोथी रौ लोकर्पण लारला बरस 27.11.2021 (श्री

अजीतसिंहजी सोलंकी शहादत-शताब्दी-बरस) नै हुयौड़ा जळसै में करीजियौ। कोष डॉ. राजपुरोहित रा शोध प्रबंध भारतीय स्वतंत्रता संग्राम में राजस्थानी कवियां रौ योगदान अर उणांरा कविता-संग्रह 'खारा मीठा बोल' नै छपावाय रह्यौ है।

जय नारायण व्यास विश्वविद्यालय,जोधपुर रा राजस्थानी विभाग रा अध्यक्ष डॉ. मीनाक्षी बोराणा री मैणत रै पांण 'म्हारी मायड़' संग्रह आप रै हाथां तांई पूगौ है। कोष कांनी सूं सगळा रचनाकारां अर डा. बोराणा रौ हिया तणौ आभार। संग्रह में जो कीं आछौ है वो सिरजणहारां री कलम रौ जादू री वजह सूं है। कोष रा इण भांत रा पेलड़ा प्रयास में जे कोई कमी-बेसी रैयगी हुवै के इण बाबत आप कीं सलाह दिरावणी चावौ तो नीचौ दियौड़ा ई-मेल ठिकाणै ऊपर संदेस भिजवाणर री मेहरबानी करावौ।

drnrskosh@gmail.com

छैल्ली बात-

नह तीरथ जननी समो, जननी समो न देव।
इण कारण कीजै अवस, सुभ जननी री सेव।।

अरजवन्त

डा. साब री शिष्य मंडळी अर कळूंबौ

संपादकीय

मातृदेवो भवः

बैंरग है चूंदडी, बैरंग लागै बंधेज।
जकी रंगै म्हानै, वा मां ही असल रंगरेज।

कैयौ जावै के भगवान हरेक टाबर कनै नीं पूग सकतौ, इण खातर इण धरती माथै वौ खुद रै रूप में मां नै भेजी। दुनिया रा तमाम रिस्ता में मां रौ रिस्तौ सगळां सूं सिरै मानीजै। 'मां' कैवता मूंडौ भरीजै। मां टाबर नै ठोकै पण ठोकण नीं दै, 'खारी बोले मावड़ी अर मीठा बोलै लोग', खावणौ मां रै हाथ रौ हुवै भलांई जै'र ही, जैड़ी कहावतां में जिण भाव री चरचा हुई है। वो संसार रौ सैं सूं इधकौ, न्यारौ, महताऊ, टाळवौं, निःस्वार्थ, निष्काम भाव है। यानी मां ही इण जगत रौ सैं सूं मोटौ तीरथ है। ओ तीरथ मां, बाई, आई, अम्मा, बा, मदर, मॉम, मम्मी, बेबे जैड़ा केई सबदां सूं आदरीजै, पूजीजै।

मायड़ रै त्याग तपस्या नै सबदां में नी बांध्यौ जा सकै। मां फकत मां व्है। उण सारू तो उणरा टाबर ई जीवण व्है। टाबरां री मुळक, सुपनां उणरी सलामती इणरै ओळै दोळै उणरौ दिन उगै अर आथमै। मां वा ढाळ है जकी टाबर री हरेक तकलीफ, दुख, दरद नै पैला खुद माथै झेलै अर जगती रा हर अेक वार सूं टाबर नै लुकायौ राखै। मां वा पौसाळ है जका सूं टाबर रौ ग्यान सुरू व्है, मां तो वा सांस है, जिणरै बिना जीवण मुमकिन नीं है। मां बिना जग सूनौ, मां बायरौ टाबर रौ कोई धणी धोरी नीं व्है। मां रौ करज तो जन्म जनमांतर ताई कोई नी उतार सकै। कहिजै कै जकौ मिनखं मां रौ नीं हुयौ वौ किण रौ नी व्है सकै। मां सूं इदकौ कोई रिस्तौ नीं है। मां अर टाबर रौ रिस्तौ शास्वत अर अकथनीय है।

मां तो मां व्है चाहै वा देवकी हो या यशोदा। मां 'मायड़' नै ई विधाता खूब घड़ी है, उणनै इतरौ मोटौ मान दियौ कै वा अेक जीव नै जमीं माथै लावै अर इण चराचर जगत नै गति देवै। आपरै टाबरां सारू वा दुरगा है तो उणरै कानी निजर नाखण वाळा सारू चंडी ई है। मां आपरै टाबरां सारू रात दिन खटै, टाबरां री हारी-बिमारी में दवा दारू सागै, सगळा दई-देवतां नै धोक लगावती उणरी सलामती री अरदास करै उण सारू ई जीवै अर मरै। मां रै पांण ई औ जगत जगमगावै। मां लू रै लपटां में बिरखा री पैली बूंद रै ज्यान व्है, जकी ठंडाई वपरावै। मां टाबरां नै संस्कारवान, हिम्मतवान, सोजीवन, खिमतावान, निडर, सहनशील, कर्मशील बणावै। मां कदैई डपट'र, मार'र खरी-खोटी कैय'र जीवण री अमोलक सीख देवै।

मां सारू कैय सकां कै ईस्वर नै नीं दैख्यौ पण धरा मांय मां नै दैख्यौ उणमें ई ईस्वर रा दरसण व्हैग्या। मां सबद ई जगती में भगवान रौ रूप है, क्यूंकै इणसूं इधकी कोई मां री परिभासा नीं व्है सकै। मां री ममता रौ कोई मोल नीं व्है जिण माथै मां रौ हाथ व्है, आसीरवाद व्है उणरौ भाग्य ई साथ देवै। मां टाबरां रै वजूद री ओळखाण व्है। मां रै खोळै में टाबरां रा सुपना पळै। मां री छत्र छिंया में टाबर कद मोटा व्है जावै उणनै पतौ ही नीं चालै।

मां राजी खुसी व्है तो धरती माथै सुरग है मां नै दुख दैवण वाळी संतान खुद कदैई सुखी नीं रै सकै। विधना मायड़ रौ हिवड़ौ कोई विसेस माटी सूं इज घड़ै। मां जनम देवण वाळी व्है। उण सूं कीं छानौ नीं रेवै बिना कैयां ही वां अंतस री सै बातां जाण लेवै।

उणी मायड़ नै समरपित 'म्हारी मायड़' पोथी रौ बीज रूप म्हारै अंतस में रोप्यौ 'डॉ. नृसिंह राजपुरोहित स्मृति कोष'। राजस्थानी भाषा में अेम.अे. प्रथम श्रेणी उत्तीर्ण विद्यार्थी नै नृसिंह राजपुरोहित री स्मृति में गोल्ड मेडल देवण री सुरूआत बाबत बात करी अर आवता बरस सूं औ

मेडल राजस्थानी विभाग रा मेधावी विद्यार्थी नै दियौ जावैला। आ घणै हरख री बात है। उण बखत वै बात करी कै इण तरै रौ काम करां अर आप इण 'म्हारी मायड़' विषय माथै राजस्थानी भाषा रा विद्वान, हेताळुवां सूं कविता, संस्मरण मंगावौ अर इणांनै संपादित करौ।

म्हनै इण बात रौ घणौ हरख व्हियौ कै मां माथै कविता अर संस्मरण भेजण सारू में जिणनै भी कैयो वे आगै बध'र आपरी कविता अर संस्मरण भेजिया इण सारू म्हैं आप सगळा री आभारी हूं। 'म्हारी मायड़' पौथी में मां रै प्रति संवेदनावां, हेत, त्याग, ममता, समरपण नै लेय'र लिखारा आपरी भावनावां नै सबदां में ढाळ'र सामी राखण रौ प्रयास करियौ जकौ घणौ महताऊ है।

इण पोथी में डॉ. मनोहर सिंह राठौड़, श्री मालचंद तिवाडी, डॉ. आईदान सिंह भाटी, श्री रमेश बोराणा, श्री कमल रंगा, श्री मईनुदीन कोहरी 'नाचीज बीकानेरी', डॉ. शारदा कृष्ण, श्री श्यामसुंदर भारती, डॉ. मंगत बादल, डॉ. जेबा रशीद, बसंती पंवार, श्री भंवरलाल सुथार, डॉ. प्रकाश अमरावत, डॉ. नीरज दइया, श्रीमती प्रमिला चारण, शकुंतला अग्रवाल, श्री राजाराम स्वर्णकार, रेखा लोढ़ा 'स्मित', श्री गिरधरदान रतनू 'दासोड़ी', डॉ. लक्ष्मणसिंह गड़ा, डॉ. कृष्णलाल बिश्नोई, डॉ. गजादान चारण 'शक्तिसुत', डॉ. मीनाक्षी बोराणा, मान कंवर 'मैना', डॉ. करुणा दशोरा, निर्मला राठौड़, डॉ. हरिमोहन सारस्वत 'रूंख', डॉ. घनश्यामनाथ कच्छावा, शंकरसिंह राजपुरोहित, किरण राजपुरोहित 'नितिला', डॉ. अनिता जैन, श्री तरुण कुमार दाधीच, श्री मदन गोपाल लढ़ा, डॉ. गौरी शंकर प्रजापत, श्री महेन्द्र सिंह सिसोदिया 'छायण', श्री अर्जुनदान चारण, अरुणा शर्मा अभय शंकर शर्मा, श्री सत्यदीप, मंजु शर्मा जांगिड़ 'मनी', नगेंद्रबाला बारेठ देशनोक, मधु वैष्णव 'मान्या', विमला महरिया 'मौज', तरनिजा मोहन राठौड़ 'तंवराणी', मंजु किशोर 'रश्मि', डॉ. अंजु, डॉ. शर्मिला प्रकाश सोनी, डॉ. उषा श्रीवास्तव,

सरला सोनी मीरा कृष्ण, सिया चौधरी, श्री भीवसिंह राठौड़, ऐश्वर्या राजपुरोहित, उर्वी जोधा अर मीनाक्षी खीची मां बाबत आप-आपरी महताऊ रचनावां लिख'र भेजी इण सारू आप सबां रौ हिरदै सूं आभार अर धिनवाद।

कहिजै कै मां मायड़ भाषा अर मायड़ भौम रै रिण सूं आपां कोई भी उरिण नीं व्है सकां तौ आपरी मायड़ भौम री गरब-गुमेजजोग लूंठी मायड़ भाषा राजस्थानी में मां नै लेय'र जकी कवितावां अर संस्मरण इण पोथी में परोटीज्या है, वै इण भौम री भासा में मायड़ रै सरूप, त्याग, तपस्या, हेत, समरपण आद अंतस सूं निकळ्योड़ा सबदां में ढळ'र साम्ही आयोड़ा है। जका मां सारू मायड़ भाषा रै इतर नीं रचिया जा सकै।

इण पोथी नै साम्ही लावण में म्हारौ प्रत्यक्ष अर अप्रत्यक्ष रूप सूं सैयोग करण वाळां रौ आभार प्रकट करूं अर सागै-सागै मैं डॉ. नृसिंहजी राजपुरोहित रै पूरै कळूंबै (पिरवार) रौ ई घणैमान आभार प्रकट करूं। 'म्हारी मायड़' पोथी घणै सांतरै ढंग सूं संयोजित करण सारू भंवरलालजी सुथार रौ अर इण पोथी नै छापण सारू श्री पवनजी (साइंटिफिक पब्लिकेशंस, जोधपुर) करियौ इण सारू आप सगळां रौ अंतस सूं आभार।

मुनव्वर राणा री गजल री दो ओळ्यां में हर अेक टाबर री चावना छुपियोड़ी है-

मेरी ख्वाहिश है कै मैं, फिर से फरिस्ता हा जाऊं
मां से इस तरह लिपट जाऊं, कि बच्चा हो जाऊं।

डॉ. मीनाक्षी बोराणा

विगत

पद्य खंड

✍ मालचन्द तिवाड़ी

थारौ होवणौ

निरोगी काया थारी
परसी ही जकी प्रीत
म्हैं उणरौ काचौ फळ
अब पाकण ढूकौ हूं मां!

लोग कैवै :
म्हैं म्हारी पचासी उमर में
तीसी जैड़ा पळका मारूं
लोग पूछै :
अैड़ा कांई जतन करूं डील रा?

म्हारै नजीक
सदीनौ अेक ईज पडूत्तर :
म्हारी मां जीवै...
अजेस म्हारी मां जीवै...!

◆◆◆

थारी कीमिया

ओ बेथाग बगतौ बायरौ
नीं पुगाय सकै
थारै सिकड़ता फेफड़ां लग

अेक चिमटी ऑक्सीजन मां!
इण अपरबळी चिकित्सा-विज्ञान
अर रुपियां सूं भरिया म्हारा गूंजा रौ
कीं जोर नीं चालै मां!

म्हैं किण बजार
किण हाट मोलावूं
थारी वा कीमिया
जकी चाटती थकी आपरी जीभ सूं
मेट दिया करती ही
म्हारै पेट रौ दूखणौ...

◆◆◆

थारा फूल

मरियां पछै नीं
थारै जींवता-जी ई चुगणा चाऊं थारा फूल
देखलै अे
म्हैं उठाय लीनी थारी पगथळियां
धर लीन्ही म्हारी आंख्यां रै माथै

ले, अै म्हैं उठाय लीन्हा थारा हाथ
लुकोय लीन्हा म्हारी आतमा रै बुगचै में

ले आ म्हैं
बिखेर दीन्ही थारी भसमी
बिसर्योड़ी म्हारी ओळ्यूं रै कैनवास माथै

कदास अैड़ौ करियां ई
उघड़ जावै जीसा रै चेहरै री कीं ओळ्यां
थारी भसमी रै ओफावै
थारी प्रीत रौ जस गावती!

◆◆◆

थारौ नैवास

म्हारौ औ डीघौ डील
फगत अेक काचौ काकड़ियौ है मां!
लुकोय दिया करती ही थूं जिणनै
रात रा पींपै मांय
पकावण रा जतन करती
नाज रा दांणां बिचाळै ऊंडौ कठैई!

नाज रा वां ई दांणां रै समचौ
अेकर अेकठ व्है जा नीं मां
म्हैं पाकणौ चाऊं काकड़ियै री जात
अेक रात सूयनै छांनौ-मांनौ
थारी गोदी में अबोलो
म्हारी माय!

◆◆◆

थारी सौरम

वा सौरम कांय री ही मां
घाल्या करती ही जकी घमरोळ
थारी देही रै ओळ्यूं-दोळ्यूं

आखै दिवस
आखी रात!

कठै ई वा उण हाथीदांत रै चुड़लै री तौ नीं ही,
तिसळिया करतौ जिकौ आठूं पौर
थारी भुजावां माथै
कांधां सूं लेय
थारै पौमचां लग
अर मगसी लागती ही उणरी पसम
थारी गोरी देही रै जोड़!

वा सौरम
कठैई उण बोरलै री तौ नीं ही
जिणरौ सुधरग्यौ हौ जमारौ
थारै सीस माथै बिराज्यां!

उण कन्दोरै री तौ नीं
जिणरी पचीस भरी सोनौ होवण री अकड़
ठैरती ई कोनी थारी कमर रै अेक फटकारै!

म्हैं जद-जद थनै पसवाड़ौ दिरावूं
थारा हाडां रा कटीड़ां
वा ई सौरम होवण ढूकै चरूड़
म्हारी नासां री फुरण्यां रै समचौ...

म्हैं इण दुनिया नै बणावतौ
स्कूल रै बस्तै री गळाई

लमूटणौ चावूं थारी कमर सूं मां
बस इतरौ करियां पछै
सूंपणी चावूं थारी आवगी सौरम
चन्दण–काठ नै
लपटां–लपटां विगसै थारी सौरम
चवदै रा चवदै भुवनां लग...।

❑ ❑ ❑

डॉ. आईदानसिंह भाटी

थारी अर म्हारी बात

थारी दुनिया रा अरथां नै
खोलतौ–उधेड़तौ सोचूं –
मां! थारौ तौ बातां रौ
चोर ई बोलतौ सपाट साच।
बंतळ करता – परी पंखेरू रूंख
कीड़ी–कबूतर काग।
थारी बातां रौ राजा करतौ
सदा अधल न्याव।
बातां री रितुवां
कदैई नीं जावती खाली।
पांगर जाता बाजरिया खेत।
बिन हूंकारै
नीं हिलती रात।

मां! म्हारी इण जीयाजूण
नीं मिळिया थारी
दुनिया रा मानवी।
म्हारै जीवण री रितुवां में
पड़िया काळ–भैराळ।
बळियोड़ा मिळिया बाजरिया खेत।

नीं कोनी कदैई राजा अधल न्याव।
टोटका ज्यूं सुणावै लोग
थारी 'करुणाळू-कहाणियां'
भोपां रौ अखाड़ौ बणग्यौ आखौ देस।
लीर लीर अहिंसा री लीरियां
चींथड़ा बणगी मिनखाजूण।

आज ई ऊगै आभै में गिगनारू चांद
मांझलरातां ढळती व्हैला किरतियां
आज ई रांधती व्हैला
कोई 'मरवण' खदबद खीचड़ौ।
थारै उठण रौ आभास
आज ई ऊगतौ व्हैला तारौ-परभातियौ
कठैई आज ई होवतौ व्हैला
दुनिया में अधलन्याव।

पण मां म्हारी जीवण री
इण 'डम्बररोड़'
कदैई नी ऊगीयौ 'तारौ-परभातियौ'।
नीं दीठौ गगन रौ गिगनारू चांद।
नीं होयौ म्हारी जूण में 'अधल-न्याव'।
खद-बद खीचड़ौ रांधणौ
भूलगी थारी 'मरवणां'।
आज टी.वी. रै उजास
सोवै घर रा चांद।

बाजै सरै–सांझ परभातियां।
रंग सारा ई धरती रा ऊतरै
रूपाळै पड़दां रै आकास।

बस गायब है आज मां!
थारी ऊमाई गोद।
आंख्यां रौ हेजू रंग।
हूंकारै आळी बात।
वै ममताळू-हथाळियां
अर थारी रितुआं रा बाजरिया खेत।

❑ ❑ ❑

✍ रमेश बोराणा

मां

मां
आखर सृष्टि रौ आधार
देव भगवंत त्रियंच
तीन लोकां रौ सार

मां
म्हारै जनम री आधार
सींच रगत सूं आपरै
कीनौ म्हारै जूण रौ सिणगार

मां
म्हारै धरम री आधार
उकैर संस्कार रा चितराम
सिखायौ मिनखपणै रौ सार

मां
म्हारै करम री आधार
पेट काट आपरौ
बताई मेहनत री दरकार

मां
म्हारै मर्म – सर्व री आधार
जूण पूरी वा मरै जीवै
फगत म्हारै भविस पाण
मां तो बस मां होवै है
उणरौ नीं व्है सकै कोई बखाण
अनंत आभै तांई नीं है कोई माप
मां ही म्हारी भक्ति म्हारी सक्ति
हिवड़े सूं गावूं उणरा महिमा गाण

❑ ❑ ❑

✍ कमल रंगा

मा - अेक

हां
म्हैं
म्हैं फेरूं
आसरो चावूं
थांरी गोद
खेलणो चावूं
धाड़-धुक्कड़
इक्कड़-बिक्कड़
बेलियां भेळो
सुणनी चावूं
थांरी बकाई
खावणी चावूं मार
थां रै कंवळा हाथां
जिकां उबाकता
मारता कदैई नीं
पण
आज मार
हां मार
खावणी चावूं
थां रै हाथां

इण मिस
रिसाणो हुय'र
सूवणो चावूं मीठी नींद
थां रै खोळै
मा!

◆◆◆

मा - दो

लगती नीं सरदी
नीं गरमी
करतो ई नीं
कोई असर मौसम
थां रै थकां मासा
थै हुया बहीर
नूंवी जातरा सारू
म्हैं नीं सह सकूं सरदी
नीं गरमी
फकत थांरी ओळू रै गाभां

◆◆◆

मा - तीन

पेटी मा री
बरसां पुराणी
स्यात कळकतै सूं मंगवाई ही
जीसा री तिणखा सूं

घर रौ गाडो गुड़कांवता
कसालो भोगता
आनो–पइसो बचा 'र
राखता इणी पेटी में
हां, अजेस पड़ी है
आ पेटी मा री
सफ़ रै पाखती ओरै मांय
पेटी है
मा नीं रैया
कैवां सुरग सिधारग्या
पण कळकतैआळी आ पेटी
फगत ओळूं है मा री
कै कीं और ई ?

◆◆◆

थे मा 'सा!

किणी भी चुणौती नैं
किणी भी जीवण–अबखायी नै
किण विध
किण धीजै पाण
सुळझाय लेंवता हा
थे मा 'सा!

बाबूजी री
कैणगत रौ खारोपण

काम पेटै ओळमा सुणावणा
किण ढब
मिठास में ढाळ देंवता हा
थे मा'सा !

म्हां भाई-बैनां री
सै बातां-जिद
सै रोळा-रपटा
किण भांत
चुपचाप निपटाय देंवता हा
थे मा'सा!

थे-थे ही हा मा'सा
म्हें
उण बगत तौ कांई
अजेस भी नीं समझ पाया
थांरै जीवण-वैवार रा
अै ऊजळ पख
म्हे भाई-बैन तौ
फगत थांरी ओळूं थाती
अर
देख्यै-भोग्यै थांरै जीवण नैं
बस अरथावण री आफळ करां हा
थांरी सूंपी इणी पूंजी पाण

असल में तौ
म्हे नीं समझ सकां

सात जलम ई
थांरी जीवण–पोथी रा साचा अरथ
म्हारा मा'सा!

◆◆◆

पड़तख बसे है

कैवै है–
सुपनै में आवै बडेरा
इण लेखै
लारलै दिनां ई
घरवाळा कैवता हा
आया हा मा सुपनै में
कीन्ही ही बंतळ उणां सूं
म्हैं सुण'र उणां री बातां
मनोमन हंस्यौ
मा तौ पड़तख बसै है
म्हारै–बारै रूं–रूं मांय
करै नितूगै लाड
सुणावै लोरी हरमेस
करै बै सैं जतन
नीं लागै म्हांनै
किणी री निजर
म्हे मा रा लाडेसर!

अर इण पाण ई
नीं है म्हांनै

कोई चिंता
क्यूंकै म्हांरी पांती री
सैं चिंतावां
ओट लेवै मा
जणै ई
म्हारा हर पळ, हर छिण
रैवै हरख-उमाव सूं सवाया
आ ईज चावना
राखै ई हरमेस
म्हारी मा!

❑ ❑ ❑

✍ मईनुद्दीन कोहरी 'नाचीज बीकानेरी'

मां तू धन्य है, मां तनै सलाम

मां
तूं म्हनै जर सूं नर बणायो
तावड़ै री तपती सूं
ठंडी हवावां रै थपेड़ां सूं
कई बखेड़ां अर झंझावतां सूं जूझ पणा
इय्यै सिरष्टि रै लोकलुभावणै
जीवण जीणो सिखायो
मां तू धन्य, मां तनै सलाम।

मां चट्टान जिसो थारो काळजो
कदैई तिड़क्यौ नीं टूटयो
म्हारै पालन-पोसण में
तू कदैई थकी नीं हारी
थारी गोदी बिछावणा में गू-मूत
तू गीलै में सू म्हनै सूकै में सुलावंती
तू धन्य, तनै सलाम, मां।

मां,
तैं म्हनै किता सुख दिया
थारै पेट नै रोस
मूंडै माइंला कव्वा दे

जीणै रै मारग घात्यो
पहाड़ सा दुख देख
म्हनै पढा-लिखा
काबिल मिनख बणायो
तू धन्य है, तनै सलाम।

मां, घणा पीर-सहीद-देवता नै धोक दे
म्हारै अरमानां नै सजाया हा
आज तूं टुगर-टुगर सामै देखै
पण, तूं औलाद रै दुख दुबली
बहुवां सामी को जावै नीं
फेर भी, मालिक सूं दुआ करै
अला-बला म्हनै दे दे
म्हारै बचड़ै नै निरोगो कर दे
मां तनै सलाम, मां तनै सलाम।

मां, तो मां ही रैव्वै
मां, औलाद नै दुरासीस कदैई नीं देवै
पूत तो कपूत हो सकै
पण, मां जद भी औलाद नै दुखी देखै
मां रौ काळजो कांपै-काळजो झलाटां लेवै
मां, सासू नणद रा ताना
बहूवां रा झिड़क्यां
घर रै बिचालै भींतां पड़ती
मां अर बाप रो बिछेड़ौ
अजकालै आश्रम में
मां-बाप नै तीर्थ करावै

मां, तूं धन्य है,
फेर भी.... धन्य है।

म्हारी मां रै
दुखां सूं जूझती रा
बै दिन याद करूं
जद आंख्यां भर आवै
झांझरकै उठणो
थोड़ी सी चूक में
भूंगली री मार
धन्य है म्हारी मां

मां, मां
अब्बै-छब्बै री बहुवां सूं फुटबाल बण
मां नै म्हैं देखी
मां री मौत पर घड़ियाली आंसू
दुनिया दिखावै में अेक दरी माथै
मां रो,
हलेवौ-चलेवो (मां रै लारै खर्च) में रूस्ना मनावणा
मां, तूं इत्ता दुख देख
छाबड़ै में नागड़ा नै क्यूं पाल्या
आज थारी मौत पर.... ?
मां-बाप, पांच-छः औलाद नै पाळ सकै,
पण पांच-छः औलाद मां-बाप नै नीं पाळ सकै
धन्य है मां! तूं धन्य है!! मां तनै सलाम!!!

❑ ❑ ❑

✍ शारदा कृष्ण

हेलो करूं मां!

नौ मार्च उगणीस सौ इक्यासी री
वीं काळी रात रौ
कळवांसौ चांद उणमणो
आज लग अळूझ्यौ है
म्हारी आंतड़्यां
थम थम'र टीसती रैवै अेक पीड़
काळजै री ऊंडाई
जिण बखत
आल इंडिया मेडिकल साईंस रै
इमरजेंसी वार्ड में
बेड नंबर जी-49 माथै
तड़फड़ावै ही सांसां
आक्सीजन सिलेंडर सूं आफळती
वीं इज बखत
मझ आधी रात
जाणै किण क्रूर हाथां
मोसीज्यौ म्हारौ कंठ
नीं ऊपन्या बोल
म्हैं हेलो करणौ चावूं मां नै
सबद गमग्या पण

डरूं फरूं हुय'र दापड़ जावूं
अणथाग अंधारौ
लोप लेवै म्हारो जमारौ
कदैई भै नीं हौ म्हनै
मां ही जद तांणी दुनिया ही मुट्ठी में
अंबर टोकसी लखावतौ
कितरौ इज काळौ हुवो अंधारौ
मां री मुळक रौ उजास
घर रै ऊंणा खूणां पळकतौ
वीं री पीळी लूगड़ी रै पल्लां
सांवटीजी सोनळिया किरणां
अमर उजाळौ राखती म्हारै घरां
दिन आंथणतां
ज्यूं ज्यूं पसरतौ अंधारौ आंगणै
मां जगावती चूल्हौ
माटी रै तवै सिकता सोगरा
बटळोई ऊफाणती दाळ
मां उजास देंवती अेक'र साथै
उणियारौ घर रौ
ऊगंतै परभात 'कान्हूड़ो' उगेरती मां री
गोटो-किनारी जड़ी कसूमल ओढणी में
अवतरतो परकास
सोळह सूरजां रौ
अरघ देंवती मां तरपांवती तीनूं लोक
पुरांवती मनस्यावां मनगतां

अणमोळ सुपनां रै
लाग जांवती उडार
दोय पौर चढ्यौ दिन
मल्टीप्लेक्सां रै मकड़जाळ
उळझ–पुळझ हुयौ क समसै
बिसांई खांवतौ, उडीकै ऊगण नै
चौफेर आळस रा
काळा–पीळा बगूळियां बिचै
अंधारै गळपीजतौ म्हारौ घर
जाग्यौ इज कठै हाल!

म्हैं डरपूं इण डाफाचूक
डरावणी
बिडरावण सूं अबै
हेलो करूं मां! मां....
अे मावड़ी!!....

❑ ❑ ❑

✍ श्यामसुंदर भारती

मां

म्हां जद नैना हा
गुलाबी प्रभात उतरती
घर-आंगण में
चिड़ियां चींचौळियां करती
हिरणियां भरती चौकड़ियां
दौड़ता बछड़ा
दड़बड़-दड़बड़
मां
म्हां सगळां नै
मगसै तावड़ियै न्हवावती
उजास री सूरत
पूरा घर में पसर जावती
दोपा'रा
हिरणियां होय चुकी ही विदा
बछड़ा बणग्या हा घाणी रा बळद
तावड़ौ तपग्यौ हौ आकरौ
धुक-धुक धुकण लागा हा घर-आंगण

लपटां सूं बचती-बचाती मां
भग रैई ही अठी-बठी

सांझ–
घर रा चौक रा खूणा में
अेक बोदी सी
रालकी माथै भेळी होयोड़ी
अेकली बैठी है मां
अब बठै ई बची है फकत
अेक चिमटी प्रीत।।

◆◆◆

मां री ममता

मां री ममता इण धरती पर, इसवर रौ परमाण
जगत में मां है बड़ी महान

बेटो व्हौ या बेटी, माता घणै कष्ट सूं पाळै
केई दुखड़ा झेल जगत रा, नैनी जान रुखाळै
दूजौ पालणहार नहीं है, कोई मात समान
जगत में मां है बड़ी महान

प्रीत है आंधी, प्रीत बाकी, ऊंच–नीच नीं जाणै
जिणसूं लागै नेह जगत में, बस उणनै पहचाणै
प्रीत बाकौ लेवण चाल्यौ, मावड़ली रा प्राण
जगत में मां है बड़ी महान

जिण बेटे री आस मावड़ी भरी जवानी खोई
माखण मिसरी बिनै खिलाया, खुद भूखी ई सोई
उण माता री ममता नै, क्यूं भूल गयौ अणजाण
जगत में मां है बड़ी महान

नव म्हीनां तक राख पेट में, घणै जतन सूं पाळी
रात-रात भर जाग लाड सूं, नैनी जान रुखाळी
उण छाती पर छुरी चलाई, कर दी लोही झांण
जगत में मां है बड़ी महान

आंधी प्रीत पाळ हिवड़े में, बण गयौ तूं शैतान
हंसो उड गयौ अब क्यूं रोवै, रै मूरख नादान
सौ जलमां ई कोनी उतरै, मायड़ रौ अैहसान
जगत में मां है बड़ महान

इण दुनियां में सब मिळ जावै, जीवण रौ सामान
मां नहीं मिळै किणी मोल पर, सच्चाई नै जाण
माता री सूरत में करलौ, इसवर री पहचाण
जगत में मां है बड़ी महान

मां ही मिंदर, मां ही पूजा, मां ही तीरथ स्नान
जो माता रै कहणै चालै, बण जावै इनसान
माता री आसीस मिळै तौ, मिळ जावै भगवान
जगत में मां है बड़ी महान।।

❑ ❑ ❑

डॉ. मंगल बादल

गीत

आ दुनिया है अेक समंदर,
छोटो सो टापू म्हारो घर,
मां ममता री अेक नदी।
वड़ सरीखा दादाजी रै
स्वर में भर्‌यो मिठास
पानो पानो, ओळी ओळी
आखर आखर इतिहास
लोक कथावां री पोथी सी
या गीतां री गजरो
सांस-सांस में प्रीत भरियोड़ी
दादी अेक सदी!
मां ममता री अेक नदी!
भाई रै घर रो उजियाळो
भाभी चांद रो टुकड़ो
बार-बार गाईज्यै अेड़ै
मुधरे गीत रो मुखड़ो
बहन म्हारी पूजा रो दिवलो
उण रा बोल आरती
पिता पकड़ पतवार चलावै
इण कुणबै री नाव लदी!
मां ममता री अेक नदी!

❑ ❑ ❑

✍ डॉ. जेबा रशीद

मां रौ आंचळ

मैलौ आंचळ, धौवळौ आंचळ कीं
फरक नीं पड़ै ओ तो मां रौ आंचळ है
मन करै मां री गोदी मांय सो जाऊं
ममता भरिया आंचळ में छिप जाऊं।

इणमें छिपकर सुणी जिकी लोरियां
सबद-सबद बण बण गया जीवन मंत्र
कैड़ी-कैड़ी रातां बीती कैड़ा-कैड़ा दिन
वे फटकारां किती खारी मीठी हुती।

कदी आछी लगती थनै म्हारी ठिठाई
गोदी री ममता भरी छांह दी गले लगाई
थपकी देय'र म्हनै सुलाई, खुद री नींद गंवाई
मां थूं कदी आपणौ सवारथ नीं देख पाई।

संसारी मन घणौ अंधारौ, वो बचपन उजयारौ हौ
गुड्डा-गुड्डी रौ क्षितिज न्यारो हो।

जदै कदी घर में विपदा आपदा आई
धीरज नीं छोडियै वै, साहस अर नमूनो बण

ममता रौ सागर बण, मुंडै माथै
मुस्कान राख'र प्यार अनमोल दियौ।
रक्षा री चादर ओढाकर आसीसां दी।

छिण छिण म्हारै मन री ताकत बणी ही मां सदी
ओ नकली फलक छोड'र वापस
उण दिनां में लौट चला
पिण बितायौ बखत पाछौ
नीं आवै मां
मन करै मां री गोदी में सो जाऊं।

❑ ❑ ❑

✍ डॉ. प्रकाश अमरावत

ओळूं रा अमोलक आखर

नव रतनां में नवों रतन,
अनोप बण नै आई ही
उण री ओप करूं किण सूं
अनोप री ओप सवाई ही,
पण मरजी सब री रखाती ही।
बैना री लाडेसर बाई,
भायां रो मोद कराती ही,
मन में चिंता सब री करती,
काम पड़ियां विपदा ई हरती ही।
मन री बातां मांय राखती
पण बातां सूं ई आपरां रो मन
पढती ही,
पढ्या लिख्यां नै लारै राखै
मैनेजमेंट जबरो करती ही,
म्हैं इतरो ई जाण सकी,
बस इतरी वा रचना करगी ही।।
बेस कीमती रतन आपणां
पाणी रेला ज्यूं बैह चाल्या
झुर झुर नै करस्यां याद
अबै नहीं फेर मिलण री,

जिद करस्यां,
वां मूंघा उणियारां री म्हैं
जीवां जितरै बातां करस्यां।
ओळूं रा अणमोल आखरां,
हियै फ्रेम में मंड देस्यां।

◆◆◆

मां स्रस्टि है

मां स्रस्टि है,
धरती ज्यूं धीर
आभै अड़ती सोच
बगत सी गैरी, ऊंडी सोच
हियै हेज रो अणथाग समदर
छौळा चढती अपणास,
बजर छाती में,
अमी अणमाप,
नैणां नेह रो उजास,
सूरज रै उनमान, आसा,
चांद सी निरमळता
घर रा काम में
धूरी फिरती, धरती,
चांद सूरज तो जावै ग्रहीज,
पण मां,
नीं ग्रहिजण देवै घर नै।।

❑ ❑ ❑

डॉ. नीरज दइया

घर बाबत

ठिकाणो तो बो ई है
घर बो घर कोनी
जिको हो
जीसा!

नांव तो बो ई है
भाई बो भाई कोनी
जिको हो
जीसा!

घर जिण में थे हा जीसा।
भाई जिण में म्हैं हो जीसा।
ठाह ई कोनी पड़ी
कद कांई हुयग्यो।

जूनै घर नै दाब'र ऊभो है नुंवो घर।
जीसा! थे बणायो
बो घर अबै कोनी।
भाई कैवै घर है।
इसै घर बाबत
म्हैं कांई कैवूं जीसा?

◆◆◆

मा खातर कविता

अेक सबद लिखूं
कागद माथै - मा
अर आगै कीं लिखीजै कोनी।
किणी ओळी बिचाळै
जद कदैई किणी सबद भेळै आय ढूकै सबद मा,
तद ओळी अटक जावै, आगै कीं लिखीजै कोनी।

मा सबद सूं जिकी जातरा चालू हुवै,
बा जातरा हुय जावै बठै ई समपूरण।
जूण मांय जियां स्सौ कीं परोट लेवै मा,
ठीक बियां ई कविता-
मा आगै कीं कोनी...।

बस टाबर रा लिकलिकोळिया
मा खातर कविता हुवै।

◆◆◆

रूंख रा छोडा

म्हारी बात-बात मांय
मा नै निगै आवै
जीसा रो लटको
मा कैवै-
थारा लखण बां रै दांई है
अर गळगळी हो जावै।

म्हनै लखावै
जीसा रै गयां पछै
मा फगत म्हनै ई भोळा सकै है
आंसुवां रो भार।
किणी बेटै सारू
इण गत नै अंवेरणो
घणो अबखो हुवै।

म्हें नीं बदळ सकूं खुद नै
जे बदळूं,
म्हारी कलम सूं
खूट जावै – कवितावां
मा खातर म्हें
अर म्हारै खातर आ कलम
निसाणी है जीसा री।

◆◆◆

घर

थूं अर म्हें पाळ्यो
हजार–हजार रंगां रो
एक सुपनो।

थारी अर म्हारी दीठ रो
थारै अर म्हारै सुपनां रो
एक घर हो

जिको अबै धरती माथै
कदैई नीं चिणीजैला।

मा कैवै –
मूरखता है
घर थकां रिंधरोही मांय हांडणो।
बाळ दे – नुगरा सुपनां नै
जिका दिरावै थाकैलो
अर करावै
बिरथा जातरा।

❑ ❑ ❑

✍ डॉ. प्रमिला चारण

मां घणी याद आवै

मां घणी याद आवै
मां मां नीं ही मां म्हांरी,
बैनां री साथण'र सहेली ही
कदैई खारी नीं पड़ी
नैणां में नेह रौ मिठास लियां
अपणायत री आस लियां
तन-मन सूं बाबोसा री सेवा में लाग्योड़ी
समरपण री साध लियां
मां घणी याद आवै।

मां रौ ऊजळौ वरण
कुंकु वरणी लाल टीकी
कसूमल कांच रै मूठियां री झणकार
गळै में सोना रा मोत्यां समेत
तुलछां री माळा री सोवणी छिब
घणी याद आवे
मां म्हांरी पुरबली साथण'र सहेली ही
मां घणी याद आवै।

आखी जीवा जूण में मां सम रैयी
कदैई विचलित नीं व्ही

दुख-सुख में हिम्मत नीं हारी
जीवण में छियां-तावड़ौ अेक ज्यूं जाण्यौ
दया ममता री परतख मूरत ही
मां घणी याद आवै
मां म्हारी पुरबली सहेली ही
नानीसा नानोसा अर तीनूं भायां री
लाडेसर मां अेकाअेक ही
लाडां-कोडां पाळ्योड़ी
आंगणियै री शोभा ही
मां घणी याद आवै।

मां तौ सुरग सिधाई
पण मां रे होठां ऊं झरती मीठी हंसी
मां रौ लाड
आखै घर में बस्योड़ौ है
मां म्हारी पुरबली सहेली ही
मां घणी याद आवै।

❑ ❑ ❑

✍ शकुंतला अग्रवाल 'शकुन'

जद परतां मन री उघाड़ूं

जद परतां मन री उघाड़ूं
म्हारा घाव रिसबा लागै है।
कर याद मां री लाचारी,
बखत बेबखत आंसूड़ा बैवा लागै है।
कुछ सोचतां सोचतां मां रे,
अनजाणे में हाथां रौ दाझबो देख।
जद म्हारा बाळमन में
कतरा ही सवाल मचलबा लागै हा।
ममता री छांव तळे
कतरा ही सुपना पळता हा।
जद परतां मन री उघाड़ूं
कुछ घाव रिसबा लागै है।

जो बापू सा सब पर धौंस जमावै था,
आज खुद नै बेबस पावै है।

सोच भविष्य टाबरां रौ,
खरी कमाई दांव लगाया हा।
आज वे आँख्या मसळे,
अरमाण बरफ सै गले।

जद परतां मन री उघाड़ूं
कुछ घाव रिसबा लागै है।

हो जावै छोरो जद बडौ,
बापू सा रै सामै होवै खडौ।
बापू बापू कैवतां को'नी थकतो थो
कछु और बोल न मुख से फूटतो थो।
आज बण्यौ वह मुंहजोर।

बापू सा औ मां वृद्धाश्रम में पड्या है,
व्हारा नैणा सूं दुख झड्या है।
जद परता मन री उघाड़ूं
घाव जदै रिसबा लागै है।

जो रसोड़ा री रौनक होवै ही
ओरा मायै होकर कैद
व्या अब रोवै है।
कदयां भूखी सोवै है।
सांसां रो बोझो ढोवै है।
जद परतां मन री उघाड़ूं
घाव जदै रिसबा लागै है।

❑ ❑ ❑

✍ राजाराम स्वर्णकार

मां

मां दुर्गा है, मां गायत्री, मां सुरसत, लिछमी कल्याणी
मां गंगा, गीता, मां धरती, मुगतीदायिनी मां वरदानी
भासावां में देव वाणी है, मन्त्रों में है ऋचा सरीसी
गायों में मां कामधेनु है, वृक्षों में है कल्पवृक्ष-सी
मां उद्गम में गंगोत्री है, महामिलन में गंगासागर
तीनों नदियां रे संगम में, मां री महिमा कुंभ बराबर
मां प्रभु री सागीड़ी रचना, मां है संतां री सतवाणी
रामायण री कौशल्या है, महाभारत री है नन्दराणी
आकरसण में मां चुंबक है, धातु में मां प्लेटीनम है
पत्थर में पारस पत्थर है, तिथियों में मां सरद पनूम है
मां घर रो तुलछी ठाणो है मां है माळा हरि नाम री
मां री एक-एक परकम्मा, है परकम्मा चार धाम री।
मां जीवण री अगवाणी, मां नव महीना री महा तिजोरी
गरभनाळ में पळती आई, आ सगळी स्रिस्टी संजोरी
उज्ज्वळ जीवण राजहंस ज्यूं, मां में सागर री गैराई
सीतळ सुभाव में रैवै है, मां रे माखण सी कंवळाई
मां भोर री राग भैरवी, मां मिंदर री महा आरती
मां जीवणचर्या री पालक, मां स्रिस्टी री महासारथी
मां री अेक छत्रछाया में, पूरी गिरस्थी रो प्रबंध है
सात सुरां री संगत है मां, मां संस्कृति रो महा छंद है

निरफळ कदै नहीं जावै है, मां री सेवा सदा काम री
मां री अेक-अेक परकम्मा, है परकम्मा चार धाम री।
दिन ऊगै दंडौत, रात रा जे चरणां में धोक लगावै
बिन मांगे'ई मिलै मोकळा, जीवण रा सातूं'ई सुख पावै
मां सुरसत री वीणा, मां प्रभु रे चरणां री परसादी
दसों दिसावां में जो गूंजै, ओमकार रो नाद अनादि
मां चरित्र री मंजूषा है, तीन गुणां वाळी त्रिपुटी है
जड़ी बूटियों में निरवाळी, मां ही संजीवणी वटी है
धरती रो धीजो है मां में, पाणी रो निरमल प्रवाह है
हवा सरीसी भरी ताजगी, आभै रो व्यापक स्वभाव है
मां रस, गंध, राग-धुन है, मां परस-सरस है नित ललाम री
मां री एक-एक परकम्मा, है परकम्मा चारधाम री।

✍ डॉ. कृष्णलाल विश्नोई

मायड़ पच्चीसी

मात कहो मायड़ कहो, महतारी है माय।
जननी अंबा अंबिका, धरती सम है धाय।।1।।

मायड़ अैड़ा नर जणै, अति सुलखणा सपूत।
भूण कटावै देस हित, बै सांचा रजपूत।।2।।

मायड़ इण विध बोलिया, जणनो मालिक हाथ।
उणनै म्है भळ पाळसूं, ऊंचो राखै माथ।।3।।

मायड़ सिखाव पूत नै, बेटा राखी याद।
दीन हीन देखतां सुणी, दुखियां री फरियाद।।4।।

काम करै आखी उम्र, मायड़ रा बै हाथ।
बाळक बडो हुवै जिंयां, वांरी स करामात।।5।।

भरयोड़ा अ सगती सूं, बेवै इमरत धार।
मायड़ मनड़ै लुक्योड़ो, लाड कोड अर प्यार।।6।।

भूखां नै दै रोटियां, आंधां नै दै आंख।
तिरसा नै दै पाणिड़ो, आ मायड़ री साख।।7।।

मिनी चिड़कली कूरियो, बै भी राखै आस।
दूध दाणा टुकड़ो दै, न करै मायड़ निरास।।8।।

किड़ी नगरो सिंचौ सदा, देवै रोटी गाय।
मैनत मजूरी करणियां, पाय आसीस माय।।9।।

नैन्हो सूं मोटो हुवै, नीं जाणै विग्यान।
मायड़ सामी फिका लगै, अै सगळा पकवान।।10।।

सिरजण नै साकार कर, देवै रूप अनूप।
मायड़ सम इण दुनी मां, कौण बड़ा है भूप।।11।।

मायड़ मिनखा खान है, जलम्या कोहिनूर।
भागी नर वै है घणा, जां पर मा रो नूर।।12।।

मायड समय ज कोई नीं, इणी दूनी रै मांय।
दिवलो ले ढूंढो कठै, सप्त दीप मिलै नांय।।13।।

नुगरा अठै रा लोग स, जाण न मायड़ भेद।
सुगरो नर ही जाणसी, मायड़ बडौ है वेद।।14।।

मरी कोई आवज्यो, सैंघ करै पड़ताल।
ऑडी मायड़ आय कर, पूछै सह रा हाल।।15।।

मायड़ रै मनड़ै बसो, जियां बादळी बूंद।
मायड़ निजरां फेर ली, जाड़ां चिपग्यौ गूंद।।16।।

मायड़ म्हारै साथ है, मायड़ म्हारी सांस।
जद तक सांस आ चालसी, म्हारै जीवण आस।।17।।

मायड़ पलकां मां बसी, पल छिण लेवूं देख।
सुपना मायड़ सुहावणा, इण मां मीन न मेख।।18।।

सांकड़ मायड़ गळियां स, पूगूं कीयां दूर।
बैठूं जे थक हार कर, तुरंत पगावै चूर।।19।।

मायड़ म्हारै मनड़ै म, बैठी करै किळोळ।
मन मरजी सूं देख कर, चढूं खुसी हींडोळ।।20।।

निरभागी ब टाबरिया, मरै जलमतां माय।
वाने भळ कुंण पाळसी, मिळै न वांनै धाय।।21।।

पपिहियौ पी पीव करै, कोयल मीठा बैण।
बाळकियै र रोवण री, मायड़ समझै सैन।।22।।

बेटो जबर जोध हुयौ, मायड़ मनड़ै धीर।
लारवाळ र कैवण सूं, देवै काळज्यो चीर।।23।।

मां बोल्यां मूंडौ भरै, न देख्यां भरै आंख।
मायड़ बिना क जीवणों, मायड़ बिना न साख।।24।।

बाळक स जींवतां भला, सह जीवण री आस।
मायड़ नै अमरता भलि, किसन करै अरदास।।25।।

❑ ❑ ❑❑ ❑ ❑

गिरधरदान रतनू दासोड़ी

नारी बिन नर जनम नहीं

गीत सोहणो

मानो मन बात मुलक रै मिनखां,
सोळै आना जिका सही।
दुनिया मांय दीठ दे देखो,
नारी बिन नर जनम नहीं।।१

भगवन पीर ओलिया भाळो,
गोड पैगेंबर जिता गिणो।
जग में नार सकळ नैं जणिया,
जाणै आ तो जणो जणो।।२

जणणी नाम जगत में जाहर,
रे इणमें नह फरक रती।
धर रा धरम करै सब धारण,
मूरख नर तूं विसर मती।।३

सांपरत भगत सूरमा सारां,
दातारां इण जनम दियो।
सिखमत मान हुवा सतवादी,
कीरत वाळो काम कियो।।४

धू पैळाद अडग की धारण,
भिड़िया सिंघां भरत भला।
पातल राण मराठै प्रथमी,
खळां सीस ज्यां दिया खला।।५

पंडव पूत महाभड़ पूरा,
माता वाळी सीख मनी।
जस री सोरम अखी जगत में,
देखो अजलग बहै दुनी।।६

दिल सूं माण नारियां दीधो,
भू पर वांरी साख भली।
जग में जिकै पूजीजै जोवो,
हर दिस ज्यांरी बात हली।।७

रावण नार मरजादा रेटी
लोफर हर सूं आळ लई।
तणिया तीर राम रा तणका,
गमियो वंश नै लंक गई।।८

मानी नाय दुजोधन मूरख,
कुटळ नार अपमान कियो।
मिरतु जिको कुत्तै री मरियो,
दुसटी पाणी वंश दियो।।९

मुगलां वुसत भोग री मानी,
भेळी कर नैं हरम भरी।
मिटिया नार हाय सूं महियळ,
कबजै गोरां दिल्ली करी।।१०

सत री कैवूं सांभळो सैणां
नर नारी सूं बडो नहीं।
जणणी बैन भामणी जोवो,
मारग दरशक साच मही।।११

जणणी रूप पाळणी जोवो,
धिन रखवाळी करै धरा।
साची सीख दैण संतानां,
खोब भरांणी भाव खरा।।१२

बांटै नेह बैन बण बसुधा,
हित सूं दिल रो दरद हरै।
दीधो लहै भ्रात सूं देखो,
काम कोड सूं कठण करै।।१३

भामण रूप रहै नित भेळी,
जोड़ कंध सूं कंध जिका।
सुख दुख मांय साथ इक सिरखी,
टोरै निश्छळ प्रीत तिका।।१४

बेटी बण नै मात बाप री,
प्रीत देय नै पीड़ हरै।
ऊजळ पी'र सासरो इण सूं,
कुळ च्यारां रो नाम करै।।१५

शकती अरथ विद्या नै सांपण,
सांप्रत इणरै हाथ सको।

दुरगा लिखमी वळै शारदा,
नर धर समवड़ पेख नको।।१६

दुरगा रूप खाळिया दानव,
काट दोख धर अभय करी।
अपणां हरख आपियो अवनी,
धुर चढ होफर भीर धरी।।१७

वित दे काज सुधारै वसुधा,
कमळा सब पर महर करै।
बैठण भवन रीझ दे वैभव,
हरजन रा हर दोख हरै।। १८

सारद रूप ग्यान दे सेवी,
दुरमत हरणी वळै दखां।
नर नी इसड़ो एक निजर में,
अणभै आ तो बात अखां।।१९

नर रो मूळ नार सूं न्हालो,
साख नार सूं बधै सही।
अवनी नार बिनां नर आधो,
कितरै ग्रंथां मांड कही।।२०

पूजो नेह माण दो प्रिथमी,
धुर इण बातां ध्यान धरो।
गिरधर कहै गीत ओ गुणियां,
कान जिकण नै आज करो।।२१

◆◆◆

कुण जामण री होड करै

दूहो

मास नवै रख उदर मँझ, सींचौ रगत सरीर।
जलम देय पाळै जगत, भव हो जणणी भीर।।

छंद रेंणकी

राखै नव मास उदर मँझ रक्षा,
सास सास हद कष्ट सहै।
सींचौ तन वेल रगत सूं सांप्रत,
रीझ जिणी पर मुदित रहै।
खीजै नहीं, भाव भरण नित खम्या,
ध्यान आप सूं अधक धरै।
थिगती जिण देह अडग कर थामण,
कुण जामण री होड करै।।1

श्रोणित निज पाय स्नेह री सरिता,
घोळै मिसरी कंठ घणी।
आंचळ री छांह निहारत अपलक,
वाहर जाहर शीघ्र बणी।
कापण हर कष्ट सरब सुख सांपण,
झरणी नैणां लाड झरै।
थिगती जिण देह अडग कर थामण,
कुण जामण री होड करै।।2

सांणै संतान साफ दिस सह दिन,
सूगलवाड़ै आप सुवै।

आंणै नहीं भेद खेद उर अपणै,
हरस सरस तन दरस हुवै।
सारी रह रात जागती सधरी,
खमा धार मन सार खरै।
थिगती जिण देह अडग कर थामण,
कुण जामण री होड करै।।3

राखै नित बांह आह रखवाळी
चाह आपरी छोड चलै।
तोड़ण हर ताप दुवा निज ताईत,
पख हुय सारा दरद पलै।
तणनैं जिण काज करै जम टकरां,
डकर जैण री काळ डरै।
थिगती जिण देह अडग कर थामण,
कुण जामण री होड करै।।4

मूंडै रो कोर बाळ मुख मांहे
मह देयर हद मोद मनै।
सैवत जिण तणी चपळता सुधमन,
क्रोध तणो नह बोध कनै।
जणणी वरसात सरद तप झालत,
उफ नह आंणत आप उरै।
थिगती जिण देह अडग कर थामण,
कुण जामण री होड करै।।5

प्रथम गुरु मात पूजीजै प्रिथमी,
पितु दूसरो गुरु पुणां।

जणणी री ठौड़ लहे इण जग में,
समवड़ दूजो नाय सुणां।
जग में दे जलम तारदे जग सूं,
हार विकारन सबै हरै।
थिगती जिण देह अडग कर थामण,
कुण जामण री होड करै। ।6

सत री दे सीख बतावण सतपथ
रंग कुळ री इम तीख रखो।
किण सूं ई घात कदै नीं करणी,
अडर साच री बात अखो।
मोटी व्है मात लघु भगनी मन,
भाव बाळ मन मात भरै।
थिगती जिण देह अडग कर थामण
कुण जामण री होड करै। ।7

जितरा महापुरस हुवा धर जोवो,
महर मात री मनो मही।
आरै निरमाण कियो तन अरपण,
सतपण जणणी धार सही।
आयल सिरमोड़ मान इण अवनी,
कवियण गिरधर नमण करै।
थिगती जिण देह अडग कर थामण,,
जामण री होड करै। ।8

कवत्त

पुणूं मात परणाम, दया कर जगत दिखावण।
पुणूं मात परणाम, सदा सत बात सिखावण।
पुणूं मात परणाम, भाव घट नीती भरणी।
पुणूं मात परणाम, तरण भव दध री तरणी।
प्रणाम गीध निस दिन पुणै, परघळ उठ परभात रै।।
सरब ही कष्ट टळवै सदा, मह पड़ चरणां मात रै।।

❑ ❑ ❑

✍ डॉ. गजादान चारण 'शक्तिसुत'

माता अर विधाता

प्रेम को नेम निभाय अलौकिक, नेम सूं प्रेम सिखावती माता।
त्याग हुते अनुराग को सींचत, त्याग पे भाग सरावती माता।
जीवण जंग को ढंग से जीत के, नीत री रीत निभावती माता।
भाग बडा गजराज सपूत का, कंठ लगा दुलरावती माता।।1।।

प्रात उठंत प्रभातिय गावत, नंद को नंद रिझावती माता।
राम-सिया घनश्याम-लली, कहिके हमहू को जगावती माता।
जो जिसकी रुचि है उसके हित, वैसो ही भोग पकावती माता।
सीख सही गजराज सिखावण, पावण पाठ पढावती माता।।2।।

सीतळ बादळ री कळ छांह ज्यूं, है तव बांह सुहावणी माता।
है सुखसारिय मंगळकारिय, गोद तिहारिय मां भवत्राता।
बाळ को ख्याल कमाल रखै, जमकाळ सूं जाय भिड़ै चख राता।
रीझ कवि गजराज पुकारत, तू शिव तू हरि तू ही विधाता।।3।।

◆◆◆

तीन कपूतां री दुखियारी महतारी

किणनै दरद सुणाऊं कान्हा, किण आगळ फरियाद करूं
कुणसै कांधै सिर धर रोऊं, कह दै किणनै याद करूं
किणनै दरद सुणाऊं कान्हा......

बूढापै री लाठ्यां म्हांरी, अेक नहीं है तीन मुरारी
जाझै जतनां करी करारी, तीनां री शोभा हर भारी
तीनूं तेल पियोड़ी ताजी, जिणरै हाथ लगै सो राजी
रिच्छ राड़ दोनां में रूड़ी, कोनी म्हारी आ कथ कूड़ी
पण म्हारै हित आज माधवा, परतख तीनूं तीन पराई
हाथ घालतां फांस गड़ै है, खपत करंतां खाल बचाई
सांस-सांस रै संग सांवरा, सुबक-सुबक कर साद करूं
किणनै दरद सुणाऊं कान्हा.....

बड़-पींपळ जे बोती गिरधर, इण गत नीं रोती अवनी पर
फळ नीं तौ छाया तो होती, सौरी सांस लेय मैं सोती
पण मैं तो माया री लोभी, इकलखोर्ड़ी ईखां चोभी
आस-पास री फसल उजाड़ी, ब्हाया बांस बिगाड़ी बाड़ी
नेड़ै सूं निकळ्यौ जो कोई, उणरै अंगां फांस चुभोई
बोल्यो उणनै कह-कह दोसी, जण-जण री मैं इज्जत खोसी
आज म्हारोड़ी लाज अडाणी, उर में थिर अवसाद धरूं
किणनै दरद सुणाऊं कान्हा......

अै आंख्यां रा तारा म्हारा, आंख दिखावै औगणगारा
उजियारै सूं अटल नियारा, अंधियारै रा परम पुजारा
ऊग्या जद कोनी हो बेरो, आं रातां रो इसो सवेरो
टिमटिम देख अणूंती फूली, अहंकार रै झूलां झूली
देख आगियो दूर ब'गायो, चांदै नै मैं कदे न चायो
जिण सूरज सूं मिली रोसणी, उणरो माण रख्यो न रखायो
(हूं) विगत रात हारी दुखियारी, खुद रा औगण याद करूं
किणनै दरद सुणाऊं कान्हा.....

कदेक म्हारी बात सांवरा, सुणल्यै कोई मात सांवरा
घड़ी-स्यात सो चौ जे कोई, पड़ै न पल्लै घात सांवरा
हूं भोगूं म्हारोड़ी करणी, जो भोगी सो साची बरणी
संस्कार नीं स्वारथ चायो, परमारथ पग तळै दबायो
मतोमती बण बैठी मोटी, सीखी और सिखाई खोटी
पड़ी आज पसवाड़ै परतख, जियां कोई नारेळी-जोटी
जे तूं जहर भेज द्यै सांवरा, झट उणनै परसाद करूं
किणनै दरद सुणाऊं कान्हा....

ममता मोह लोभ मद मत्सर, अजे नहीं मिट पाया ईसर
पर अर निज में अजे आंतरो, भरम भर्यो है भांत-भांत रो
बेटा-बहू सगा न सनेही, दुख-दाझ्योड़ी म्हारी देही
म्हारै सूं सब आगा-पाछा, पण औरां सूं लागै आछा
म्हारी भूल रही है मोहन, साच छुपाई कूड़ी भाखी
समझी दोष म्हारौ है सारो, आं सगळां नै सौरा राखी।
म्हारी देह मिलाऊं माटी, आं खेतां में खाद करूं।
किणनै दरद सुणाऊं कान्हा......

❑ ❑ ❑

✍ डॉ. मीनाक्षी बोराणा

मन री चावना

चावै मन
इण चितार री बेळा में
मधुर कंठां सूं
गीतड़ा गाऊ मायड रा
म्हारै हिवड़ै उठै हिलौरां
भाव भर्‌या मन में इतरा
डबडबावण लाग्या नैण
रूंधयौ गळौ, मौन व्हैग्या बैण
नेह उमड़ियौ इतरौ मन में।

धरा माथै सुरग रौ आणंद
मायड़ थारै पांण मिळै
धरती माथै टाबरां सारू
सुख रौ मोटौ आसरौ
पण है जगत विरांण
जठै नीं व्है मायड़ रा गान
मां सूं इधकौ सरूप
संसार में नी होणौ है।

मां छोड़ सुख री कामना
करै साधना

जळा आपरै अतंस रै दियै
जगावै म्हारै जीवण री जोत
मां रा मधुर गीत गुंजार सुण
म्हां सुपना घण देखिया
साच करण म्हारा सुपना
वां करिया जतन दिन रेण।

जीवण भर म्हैं कूंकूं सूं पूजा
पण मायड़ रै रिण सूं
नी व्है सकां उरिण
मिठयास सूं भीनौ मां रौ
ममताळू आंगणौ
म्हारी सिरजणहार रौ
रळियावणौ उणियारौ
इमरत भरी मुळक
मोतियां री आब ज्यूं
झिळमिलावती बोली मां री
अंतस में भरै उजैळा।

छाती सूं चेपिया जग मांय
राखै ममताळू मायड़
म्हनै नव जीवण दियौ
प्राणां में भरियौ हुळास
वा कितरौ लाड उमड़ायौ
म्हारौ जळम उण खातर
धरा जाणै सुरग उतरियौ

हेत हियै मायड़ भरियौ
कंठां आज नूवौ सुर लहरायौ
उमडतौ अंतस नैह उजास
बाथां भर लेती मायड़
जलम जलम री चावना
मिळै पाछी मायड़ थारी कूख
आ ही है म्हारी कामना।

❑ ❑ ❑

✍ मान कंवर 'मैना'

मां खुद जीणौ ई भूलगी

म्हानै सुखी जिनगाणी देबा ताणी,
मां खुद जीणौ ई भूलगी।

खुद री भी तो कोई इच्छावां है,
मां खुद री हसती ही भूलगी।

सैं कै सोया पछै सोवती,
सैं स्यूं पैली ही उठ जावती।

सोवण रो समै नक्की कोनी,
जागणे रो समै तै पावती।

सगळा घर में कुणने, कांई?
सैं री जरूरतां समझ जावती।

ना कदै थाकीजती ना कदै थमती।
अतरी हिम्मत मां तू कठै सूं लावती?

बणती दादा–दादी री सेवादार,
कदै बुढ़ापा री लाठी बण जावती।

बाबोसा री तू ही तो हिम्मत बणती,
ध्यावस राखो अबखायां में समझावती।

म्हां टाबरां री ही गैलो बतावणी,
पग सूं पग मिलावणौ सिखावती।

म्हानै सुखी जिनगाणी देबा ताणी,
मां खुद जीणौ ई भूलगी।

खुद री भी तो कोई इच्छावां है,
मां खुद री हसती ही भूलगी।

❑ ❑ ❑

✍ डॉ. करुणा दशोरा

मायड़ली

म्हानै ओ मायड़ली
पीहरिया री ओळ्यूं घणी आय
आवै म्हारौ हियो हबोळा खाय रै।
मायड़ली..........।
जलम लियो आपरी कूंख सूं अे मां
धन धन म्हारा भाग रै।
मायड़ली...........।
हो घर आंगणो रळयावणो अे मां
सीळी थांरा आंचळिया री छांव रै।
मायड़ली...........।
थपक्यां देई हुलरावतां अे मा
थाक्या न्हीं कदैई थांरा हाथ रै।
मायड़ली............।
अेकई पालणिये झुलावता अे मां
फरक न्हीं बेटो बेटी मांय रै।
मायड़ली..........।
हिलमिल भेळा रमता खेलता अे मां
हो भाई बेनड़ल्यां रौ साथ रै।
मायड़ली.........।
थांरा रै बागां में कूद फांदता अे मां

खावता जामफळ जाम्बूड़ा आम रै।
मायड़ली..........।
अेकई थाळी में भेळो जीमणो अे मां
कर नै रोटी रा कवा चार रै।
मायड़ली..........।
ढुल्ली फूंत्या गुल्ली डंट्या खेलता अे मां
जाणी न्हीं दूज भरांत रै
मायड़ली............।
कदी न्हीं डपट्या म्हानै जोर सूं अे मां
कदैई न्हीं मारी मूंडे थाप रै।
मायड़ली............।
आंख रौ ईसारो ई मोकळौ अे मां
मतैई समझ जाता वात रै।
मायड़ली..........।
आप जो निजर्यां न्हीं आवता अे मां
न्हीर ई जाता म्हारा प्राण रै।
मायड़ली........।
अठी वठी च्यारूं मेर हेरती अे मां
सूनी निजर्यां काळजौ कळपाय रै।
मायड़ली..........।
आपनै साम्है देख्यो जीवती अे मां
हियो रै हिलौळा खाय रै।
मायड़ली............।
मन रा बागो में कोयल कूकती अे मां
लाग जाती फूलां री ढार रै।
मायड़ली...........।

सब दुख परा मट जावता अे मां
मनड़ै मनाती तैवार रै।
मायड़ली...........।
कर द् यी पराई धीयड़ आपणी अे मां
सौंप द्यी पराया रै हाथ रै।
मायड़ली ....।
डेळी पूजी नै चाली सासरे अे मां
सागै लेय'र पीहरिया री याद रै।
मायड़ली.............।
घर छूट्यो छूट्यो डेळी आंगणो अे मां
माय'र बापू आंसूड़ा ढळकाय रै।
मायड़ली.............।
सखी'र सहेल्यां पाछै छूट ग्यी अे मां
छूट्यौ भाई बेनड़ल्यां रौ साथ रै।
मायड़ली ....

❑ ❑ ❑

✍ डॉ. घनश्याम नाथ कच्छावा

मां माथै दस हाइकु

1. मम्मी, माता, मां
कैवो चायै थे भाभू
हुवै है जादू।

2. देवै जलम
हुवै माता बिरम
बाकी भरम।

3. पूत–कपूत
घड़ी कोनी बेमाता
माता कुमाता।

4. हींडावै हींडा
माँ रो पेट पालणो
सगळा हींडै।

5. जाम 'र रोई
मां नाजोगो कपूत
निपूती चोखी।

6. बहरूपियो
आखो जगत, पण
सागी मां-बाप।

7. बरमानंद
मां री गोद मांय
परमानंद।

8. पी दूध मां रो
मोकळो सेर, बण्यो
बब्बर शेर।

9. मां बरदास्त
करै सगळी बात
है लखदाद।

10. जीवा -जूण री
अेक ताती तपस्या
मां रो जीवण।

❑ ❑ ❑

✍ शंकरसिंह राजपुरोहित

कीकर है मां?

रात भर रोई
सोई कोनी मां
कान फाड़ता रैया
बाप रा अखरायोड़ा बोल
फेरूं ई बोळी कोनी व्ही मांय

मन करड़ौ करियां
कांई कारी लागै मां?
काळजौ कंकौ है थारौ
पण
कोनी जाम सकी थारी कूख
सुध लेवणियो सुत।

थारै बेटां माथै
हाथ धर'र बोल मां!
छोटोड़ौ
बडोड़ौ के
बिचेटियौ बेटौ,
कदैई पूछियौ हो थनैं–
'कीकर है मां?'

◆◆◆

म्हारी धा

मूंडै में दांत कोनी
बोखी है वा
तो ई
चाबणा चावै चिणा।

कम सुणीजै
फेरूं ई
कान लगा'र
सुणण री हर।

सोझी कम है,
पूरौ निजर नीं आवै
फेरूं ई देखणौ चावै
मारग बैवता बटाऊ नै

काची उमर में
जूण सूं धाप्योड़ा में
जीवण री हूंस जगावै
म्हारी धा।

❑ ❑ ❑

मदन गोपाल लढा

धरती सूखी कोनी हुवै

म्हारी मायड़!
थूं धरती है
म्हैं जाणूं
धरती सूखी कोनी हुवै।

थारै अंतस में
जीवै
केई-केई नद्यां
हेत री
सुरसत जियां।

थारी वाणी रा रूंख
घणा सांतरा
जकां री छियां में
रचै-बसै
थारा जायोड़ा
टाबर-टींगर।

थारी जूण
अेक तप है

जिण रौ तेज
इण आभै सूं ऊंचौ है।

◆◆◆

गुवाड़ी रौ धरम

मां आखै घर में
काढ दियौ झाड़ू
फाटेड़ी निवार वाळौ मांचौ
ढाळ दियौ छात माथै
आंगणै में सूखता
गाभा समेट'र धर दिया
मोटौड़ै बगसै में
टाबरां रा पट्टा बाय'र
काजळ पण घाल दियौ
दिनूगै पैली।

जरूरी है सगळा जतन
बटाऊ बावड़ैला आज घरां
मायड़ सावचेत है
पाळै गुवाड़ी रौ धरम
फूटरापौ दिखाणै वेगी
कांण-कसर ढाब देवणी
मुळकता उणियारै ओटै।

❑ ❑ ❑

✍ निर्मला राठौड़

मां....!!

जिण आपरै खून सूं
सींच्यौ हौ तन मन
जीव करै है सगळौ कीं
कर दूं उण 'मां' नै अरपण।

मां, मां इक कहांणी
मां, मां सुबै री अंगड़ाई
मां, म्हारै जीवण री परछाई
मां, मां जळ में कंवळ
मां, मां दूध धवळ
मां, मां सनेव नवल
मां, मां जीवण रौ संबळ
मां, मां गळै रौ पुसप हार
मां, मां जीवण रौ सिणगार
मां, मां बैहवतौ सागर
मां, मां हेत रौ गागर
मां, मां री मीठी लोरी
मां, मां जीवण रंग होळी
मां, मां इक स्हैर

मां, मां सासां री लैर
मां, मां ममताळू मूरत
मां, मां ईसर री सूरत
मां, मां फूटरी कथा
मां, मां पैली सखा
मां, मां ज्यूं समंदर में मोती
मां, मां सूं इज जीवण री जोती
मां, मां जीवण रौ विस्तार
मां, मां ईसर रौ अवतार
मां, मां आखी राता जागी
मां, मां सूं बध कुण है त्यागी
मां, मां आणंद रौ झौकौ
मां, मां बिन जीवण है धोखो
मां, मां हिरदै री धड़कण
मां, मां म्हारै जीवण रौ धन
मां, मां सनेव रौ अहसास
मां, मां सांसां रौ इतिहास
मां, मां ईसर री अरदास
मां, मां जीवण रौ उल्लास
मां, मां सुबै री धूप
मां, मां फूठरौ सो रूप
मां, मां वीणा री तान
मां, मां गीता अर कुराण
मां, मां अेक कविता

मां, मां ममता री सरिता
मां, मां हिरदै री हिलोर
मां, मां धरा रौ छोर
मां, मां मन री पोर
मां, मां अंतस री कोर
मां, मां काळजै रै करीब
मां, मां म्हारी पैली हबीब
मां, मां सूं खिल्यौ चिमन
मां, मां थनै निंवण ..!!!

❑ ❑ ❑

डॉ. लक्ष्मण सिंह गड़ा

मां - अम्बा-जगदम्बा

जद रोवतौ
हियौ भर आवतौ मां रौ
पुचकारती - थेपड़ती
लडावती लाड - हंसावती
गोदी लेवती
गावती अंतरमन सूं
भांत-भांत री राग सूं गीत
हालरियौ हुलरावती हींडा-हिंडोळती
पंपोळती निज हाथां -
सो जातौ जायौ
जादुई परस सूं।

सुणावती गाथा सूरवीरां री
गौरव गावती-बतावती
निज कुळ में जलमिया जोधां रा
सुजस सुणावती
अमरत पावती-
पढावती पाठ मान मरजादा रौ

आपरा जाया नै।
सोती खुद गीलै में
जाया नै सुलावती सूखै में।

भर जातौ मळ सूं
ले हाथां
करावती संपाड़ौ – पोतड़िया बदळावती
पैरावती नूवा गाभा।
रितुराज नचावती थारै ऊपर
छिड़कती इतर – लगावती पावडर
बाल बणावती– काढती काजळ
सारती सुरमौ काळै रंग रौ।

निजर नीं लागै
गाल–भाल माथै देती काळी टीकियां।
कोरती चांद–सूरज रा चितराम।
जद थूं बोलौ नीं रेतौ
मांय मांय कुरळावती –
या मुळक नै रिंझावण
रा करती जतन।

नेह रा नगारा
घणा ई बजाया थारै खातर

कै थूं जागतौ रेवैला
बचावण नै –
पुरखां री संजोयोड़ी
संस्कृति अर सभ्यता।

खावतौ जद धूड़
काढ आंख्यां भर रोस सूं
पकड़ हाथ हिलावती–झकझोरती
फटकारती–गरणावती
खुलावती मूंडौ
आंगळी घात
बारै काढती आली रेत।

सहिया अलेखूं दुख
थारै खातर
आहुतियां दी जीवन रूपी जिग में
करती वरत
थारी खुसहाली वास्तै
देती सूरज नै अरघ।
पोखियौ–पाळियौ जतन कर
अर
पाठ पढायौ संस्कारां रौ
बताई – भणाई

रीतां मान मरजादा री।
अब थूं भूलगौ
मां रै त्याग मरम
करम अर धरम।

थारी
गीता सूं गैरी बातां
उमड़ै –
कंवळै कंठ सूं
सास्तरां रौ सागर
बसै थारै हियै में
ममता रौ महाकाव्य।
वाणी में सत
नैणां में सिव
अर करां में सुंदरम
थारे हिज विराजै।
थूं सिरजक ब्रह्मा
पालक विष्णु
अर संस्कारां री उद्धारक
सिव ही थूं।
थूं त्रिवेणी ब्रह्मा विष्णु महेस री
थारी पूजा ई
सगळा देवतावां री मानी जावै।

गंगा ज्यूं पतित पावनी
निरमळ थारौ नेह।
थूं अखंड जोत
ममता खिमता अर समता री।
थारै आगे कंपै काळ
थूं प्रेम पूतळी – मिनखपणै री
जिण आगळ
अस्ट पौर करै
ब्रह्मा –विष्णु अर महेस
आरती – इबादत – अकीदत।
थूं कुदरत री कोरणी
अवतारां–पैगंबरां नै जाया
बसै सदा थारै चरणां में सुरग
थूं रोसनी सूरज री
चांदनी चंदा री
जोती तारामंडळ री
सोरम है पुसप री।

थूं जगतगुरु – शिक्षिका
थारी सगती – भगती अर अनुरक्ति आगळ
नतमस्तक जगती
थूं ही अल्लाह थूं ही राम
थूं अहिंसा – सांति रौ पैगाम

थारे आगळ –
ओछौ पड़ै
धरती रौ धीरप
समद री गैराई
हिमाळै री सीतळता।

थूं –
ममता री महादेवी
समता री सारदा
शुचिता री श्री
अेकता री अंबा
थूं ही म्हारी अमानत–दौलत
थूं ही साधना
थूं ही प्रारथना
खिदमत करां थारी
अवढरदानी जगदंबा
नमन – वंदन।

❑ ❑ ❑

✍ किरण राजपुरोहित 'नितिला'

मां सी म्हैं

मां हुय'र मां सी मां हुवण लागी हूं
अब बोत कुछ मां सी दिखण लागी हूं

उम्र समै या जींस आपरै रंग चालै
जूण नै साव मां सी आंकण लागी हूं

पलट'र टको सो जवाब देवण आळी
नैनी बातां पर खम खावण लागी हूं

टाबर अचंभो कर मूंडौ जोवै जद
म्हारै मूंडै म्हारी मां बोलण लागी हूं

बडेरियां रै ताना नीं तुरंत काट कर देती
वै ही बातां अब चिंता सूं भरण लागी है

बदमिजाजां नीं निडर हो ठीक कर मानी
मां दांई धीव रै छत्तर छियां करण लागी हूं

फर्राट ही दुनिया नाप आवती पण अब
टाबर नीं बावड़ै जित्तै डरी थळी उभण लागी हूं

मंच पर दहाड़्या वाद-विवाद याद है म्हारा
हर बात आजकल चिंताबासी करण लागी है

दुनिया बदळी या नीं बदळी ठाह नीं
म्हैं म्हारै में साव मां इज हुवण लागी हूं

मां ई कोई विद्रोही नारी रैही हुवैला
म्हारी देखणी में मां आपरी मां हुवण लागी ही

मां म्हैं हूं या म्हारै में मां है मां अरथाय नीं सकूं
साच कहूं पीढियां री मां म्हारै मूंडै दिखण लागी है

❑ ❑ ❑

✍ डॉ. अनिता जैन 'विपुला'

मां थां सूं प्यारौ कोई नीं....

मां म्हारी सांसां री सौरम सी महकै है।
मां री हियौ हुळसाती सीख चित में चहकै है।।

मां सो कोई नीं, सगळां सूं निराळी लागै।
मां म्हनै सारै जग सूं रूपाळी लागै।।

टाबरां पर जीव लुटा'र नित मुळकती रेवै।
मोत्यां मांय लाल जियां पळकती रेवै।।

जलम दे हियै हुळसावै घणौ लाड लडावै मां।
बाळक राखै सूखै बिछोणै खुद गीलै सो जावै मां।।

पाळ पोस बडौ करै, जूनी रीतां सिखावै मां।
कुरब कायदा नित नूंवी पीढी नै भोळावै मां।।

जाम्योड़ां री हिम्मत अर हूंस हुवै मां।
मरुथळ में पाणी सी अेक आस हुवै मां।।

जीयाजूण री फोरी वेळा साचौ साथ निभावै मां।
मां थारी आसीस अमर नित प्रीत निभावै मां।।

मां अहसासां में महक्योड़ो चंदण है।
मां थारै हर रूप नै म्हारा वंदण है।।

मां जोड़ै जीव जतन सूं घर परिवार नै।
मां ही सजावै टाबरां रै सुखी संसार नै।।

मां पर जित्तौ लिखां 'विपुला' कम ही लागै।
मां म्हनै थां सूं प्यारो कोई नीं लागै।।

❑ ❑ ❑

✍ डॉ. गौरीशंकर प्रजापत

मां

जद ई राखै हांडी
हारै माथै,
सगळा भेळा हो जावां
भाई आंगणै में
सूंग'र नुवै धान री सौरम
बापू
हांडी नै राख दी
अड़वे माथै
देखर उडगी चिड़कल्यां
छोड'र सीट्टा
चोफालिया होग्या
हिरण देख'र हांडी नैं
मां
हांडी नै टांग दी,
चौरायै माथै
भैला होग्या लूटण नै,
नवनीत
बाल गोपाल।
बापू,
हांडी नै मैल दी

चौरायै माथै
देख'र बदळियो मार्ग,
आखै जनमानस।
मां,
हांडी मांय
सिळगाई थेपड़ी
धुंवै सूं भागग्या सगळा
भूत घर रा।
बापू
सिळगाई घर रै बारै
हांडी मांय थेपड़ी
घर मचग्यो कोहराम।

❑ ❑ ❑

✍ अरुणा अभय शर्मा

मां - अेक अनमोल पूंजी

आपां रै इण पुरुष परधान समाज में
बडेरां री संभाळ, वांरी पेढी
बाप सूं बेटा अर पोतां नै मिळती आई है
पण म्हैं तौ आ जाणूं कै
बाप-दादा तौ धन, खेत अर म्हैल-माळिया देय सकै
जीवण री असल पूंजी तौ मां ई देवै
फरक इत्तौ ई है कै
विणरी दियोड़ी पूंजी कीनै ई दीखै कोनी
क्यूंकै, लेवण आळा ई विणनै नीं मानै पूंजी
पण आपरी वेळा आवै जद
आपरी वा पूंजी सूंप देवै
आगली पीढी नै
अचरज री बात आ है कै
आप खुद लेवै घणी दोरी
पण इब समझणौ मां नै ई पड़ेला
विण मां नै जिकौ अजतांई बणी नीं है मां
बणण आळी है, क्यूंकै
मां बणतां ई तौ समझ आ जावैली
करामात तौ जद है कै
आपरी पूंजी आगली पीढी नै देवण सूं पैली

आपां आप ई विणनै हियै उतारलां
चमकावां इण पूंजी नै नित अैड़ी
कै गरब सूं मांगै इणनै
आपणी आगली पीढी
चमकावां इणनै मां री दियोड़ी भळामणां सूं
करां इण माथै नित
सासूजी री सिखायोड़ी रीतां री पालीस
पछै त्यार व्हैला, संस्कारां री अैड़ी मोटी पोटली
कै कण बरोबर ई नीं रेवैला इणनै सांम्ही
बाप–दादा री धन–माल री पोटली।

❑ ❑ ❑

✍ डॉ. उषा श्रीवास्तव

म्हारी मावड़ी

म्हारी मावड़ी
म्हारी मात भोम
म्हां सगळा थारा टाबरिया
म्हाने थान सूं कदै ई,
अळगा मत ना करीजे
म्हारी मावड़ कदै ई
अळगा मत करीजे
थारी पवीत सीख मुजब,
म्हां सदीव
नेक काम करां,
सत रा पथ पे निधड़क
निरभै विचरां,
सांच री साख भरा,
किणी विपति सूं नीं घबरावां, नीं डरां
म्हारी मावड़ी,
अनमोल है नेह थारौ।
जिण रौ कोई मोल नीं,
कोई तोल नीं/कोई होड़ नीं
थने कोई चाह नीं।
म्हारी मावड़ी, निसुवारथ है थारौ नेह

म्हारी मावड़ी,
थौ नेह री निरमळ छांव में,
पल रयां हां म्हां सगळा,
प्रीत रा पालणियां में हींडता,
थारी ममता रै आंचळ हेत,
निडर निसंग।
म्हारी मावड़ी,
इमरत वरगो है थारौ नेह।
इण धरती पर, तिणरी कोई जोड़ नीं,
कोई होड़ नीं।
म्हारी मावड़ी,
म्हां सगळां नै,
थां घणी अबखायां में पाळिया,
म्हाणी सरवरा कीनी,
म्हाने संभाळिया,
थारी इणी ममता हेत अै मावड़ी,
ईश्वर म्हानै इण धरती माथे जलम दियौ
म्हां सगळा थारा टाबरिया।
म्हां सगळां रा माथा पर,
सदीव थारौ आसीरवाद रैवै मां
उण परभू सूं महां सगळां री
नित आहिज वीणती है
कै बार-बार इणी धरती पर,
थारी ही गोद में,
जलम देवै, म्हारली मावड़ी।।

❑ ❑ ❑

✍ सरला सोनी 'मीरा कृष्णा'

मां पन्ना

पन्ना तू इत्ती करड़ी छाती कठै सूं ल्याई
पूत वार दियो जन्मभूमि पे
राज–धर्म रो इस्यो ज्ञान कठै सूं ल्याई
पन्ना तू इत्ती करड़ी छाती कठै सूं ल्याई

बनवीर भूल ग्यो क्षात्र धर्म
लाळच में नांव डूबोय दियो
तू दासी हो'र देश भगती रो
अेड़ो भाव कठै सूं ल्याई
पन्ना तू .....

सगळा सेवक आंधा होकर
अन्याव रे सामीं सर झुका दियो
तू बण सिंहणी सामें घिर'गी
अतरो बळ–हूंस कठै सूं ल्याई
पन्ना तू.....

काळजा रा टुकड़ा कर'र
निज हाथ सूं बेटो गमाय दियो
वचन निभावण खातर

रघुकुल री सीख कठै सूं ल्याई
पन्ना तू.......

पूत-रगत री धार पगां जद लागी
अमर रैवण रो आसीस दियो
मातृ-धर्म अर देश-धर्म रे संगम रो
पवित्र भान कठै सूं ल्याई
पन्ना तू.....

चंदन जोग दूध सूं अे मायड़ तू
मेवाड़ सगळो ई सींच दियो
देस री खातर अे भगतण तू
इतरो नेह कठै सूं ल्याई
पन्ना तू......

धरती जितरो दुख झेलण ने
हिमाळो पूरो छाती पे धर दियो
आंसूड़े रा झरणा रोकण तांई
सब्रां रा बांध कठै सूं ल्याई
पन्ना तू.........

❑ ❑ ❑

✍ महेन्द्रसिंह सिसोदिया 'छायण'

मायड़

मीठै-हेत रा सपना
सदा सहेजै
सदा अंवेरै
हिवड़ै मांय
लियोड़ा अणहद
रंग अणूंता घण सतरंगां
टाबर नै खोळै में लेय'र
लाडां-कोड़ां
हरख तणै उर
निरमळ नेह री
नद छळकावै
वा मायड़ -
दरियादिल मोटी
सुख-दुख री सहभागण साची
अंतस मांय हेत री छौळां
विपद बखत में मीठी-मधरी
मीठै सुरां लैरियां गावै।

वा मायड़ -
आफत री आंधी

कितरी झालै
कितरी भोगै
कितरा तूफां सूं अड़ जावै
पण, लाडेसर रै सपनां नै
पफै पाछा लाख जतन कर
नीं तूटण दै –
हूंस हियै री
नीं हारण दै – तकलीफां सूं
घोर अंधारी रातड़ल्यां में
जीवण री सतरंगी गाथा
घणै जतन सूं पाछी मांडै।

❑ ❑ ❑

मां तौ पूरी भासा ही

थांरी अखरै साव कमी
मां म्हारी किन्नै जाय गमी।
म्हारै हंसणै पर निछरावळ
भल करती।
पगल्या पगल्या साथै म्हारै
थारी ही थूं पगल्या धरती।
म्हारी आंख रौ आंसू पड़तौ
तूं मालक सूं जा लड़ती।
पण म्हनै सुख देवण नै माई
राखी नाय कमी।
म्हैं तौ हूं बस सबद साधारण
थूं तौ पूरी भासा ही।
थारौ आंचळ हौ सुरगां बरगौ पूरै
मन अभिलासा ही।
जद भी चितार करूं काळजियै
आंख्यां मांय भरै नमी।
इमरत घट बण पोख्यौ हौ थूं
म्हारै सुख बपरावण खातर
दरद काळजै रोक्यौ हौ थूं।
म्हारै जीव फूल नै पोखण

थूं बणगी जळ भरी जमी।
प्रेम री मूरत सूरत दाता सी
डिगता पग थूं थाम्या हा
खुद देख्या दुखड़ा म्हां तांई
पण म्हनै थूं साम्या हा
थूं बणकै अथाग समंदर
म्हारी पूरी सैंग कमी।

❑ ❑ ❑

✍ नगेंद्र बाला बारेठ

मां बेटी रौ रिस्तौ.....

मां बेटी रौ ओ रिस्तो, दुनियां में अनमोल है,
मुस्कान अेक सी है, नयन नक्श भी अेक है।।

रूप रंग में, मैं मां के जैड़ी,
बात चित में भी मां को लहजो आवे है,
कद काठी में भी, मैं बसी ही लागूं हूं,
म्हारा स्वाद में भी मां को हाथ है।।

दुनियां में सारी चीजां मिळ जावे,
पर मां तो आगले जन्म मिले,
पर जद में आंख्या बंद करूं,
तो मां को हाथ म्हारा सर पे रख्यो रहवे।।

रोटी तो मां का हाथ की,
पकवान सी लागे है,
हलवा चूरमा को स्वाद,
सोना सु महंगो लागे है।।

तू शीतल छाया सी,
मैं अेक डाल की शाखा पत्ता हूं,
तू अेक बरगद, मैं उगती हुई कली हूं।।

तू कद आसी तू कद आसी की रटना
मां ही लगावे है,
पर काम मैं उलझी ने, आ बात समझ नहीं आवे है।।

थारो मुखड़ो मां मने रोज ही दिसे है,
अेक पल अेसो कोनी जावे, जद मां तू मने न दिखे है।।

नाम जो प्यार सु लेती, म्हारो बो म्हारा काना में गूंजे है,
उठती, चालती, बैठती की थारी हर छवि
म्हारा हिवड़ा में रहवे है,
तू गई दूर तो काई तू म्हारा मनड़ा में रहवे है,
जीसूं ही दुनियां में मां, मां ही होवे है।।

❑ ❑ ❑

✍ मधु वैष्णव 'मान्या'

मां नै समर्पित म्हारा मनोभाव रा पुष्प

मां
प्रकृति री अनूठी कृति,
सृष्टि री पालण हार मां।
निरमल हिरदै सूं भरी पावन गंगा,
दुआंवां रौ सोळह सिणगार मां।
वेद ऋचावां सी दिव्यज्योत
धड़कन री अनुपम तेज पुंज मां।
नवरस छंदां सी बहती रसधार,
इण जीवन री सुर संगीत मां।
मधु, पिरो न सकै सबदां में तनै,
म्हारै प्रेम उपवन म अमर गीता कुरान मां।
उतार न सकूंला थारौ करज,
जे पैहराऊं मोजरी चमड़ी री मां।

❑ ❑ ❑

✍ मंजू किशोर 'रश्मि'

मां

'बहू न आ जांवे जद तांई
खा लें
अर बेटी न होवें जद तांई ओढ़-पहर लै'
अक्सर मां ई कैणात नै
कहती रह छी,
पण बाळपणां मं
अरथ समझ न आवै छो
मां जद भी नुई महंगी साड़ी लाती
जतन सूं संभाळ'र राखती
कहती रहती
बेटी के तांई यो रंग
घणो रुपाळो लागै छै,
बड़ी होर या ई पहण लेगी
सन्दूक भर ली छी ला-ला'र,
जद बी बजार जाती
कोई बी नुई डिजाइन को
बर्तन देखती
अर खरीद लाती
पूरो बक्सों भर ल्यो
ऐकठा कर'र

बेटी नै दे देंगा,
जद बी सुनार कै जाती
कदी कान का
कदी पायल
कदी अंगूठी
बिना काम कै ई ले आती,
पापा के छाने-छाने
पड़ोसण नै बताती
अरे अस्या ही ऐकठो
करणो पडेगो ढायजो तो
बेटी के ताई देबा कारणै
काम आवेगो,
और खिलखिलार हांसती
जाती दोन्यू ई,
क्योंकि वाकै घर में बी
बेटी छै न,
जद म्हूं मां की बातां
समझ ई न पाती,
जीं बी चीज पै
हाथ म्हेल देती
म्हारी हर जिद
पूरी करबा कै ताई
पापा सूं भीड़ जाती मां,
अर धीर्या सेक कहती
यांई सब सोख पूरा करुंगी,

पतो न कस्यो घर मिले,
स्कूल को काम कराबा मं
पूरी जान लगा देती मां,
इंत्याम म्हारा होता
अर चिंता सारा घर की,
सारी रात घड़ी
देखती रह छी,
जाग 'र माँ,
जद बी म्हूं रूस जाती
झट म्हारी पसन्द की
पतोड़ की स्याग बणा 'र
रख दे छी माँ,
सो–सो बार मनावणां करती
न थाकती,
सारा दन बस पाछे–पाछे
फिरती,
घणी बार म्हनै रोस आ जातो
फेर भी हांस जाती मां
आँख की पुतली की नाई
जमाना की बुरी नजर सूं
बचा 'र राखती हर खोटी नजर सूं,
काजळ पै काजळ
लगा 'र,
बाळा में तेल लगाती बैर की
दुनियां दारी की सो बातां
समझाती

क्हां बी अकेली मत जाबू कर
कोई सूं बी बेमतलब
मत हांसबू-बोलबू कर
जमानो खराब छै
अर थू घणी सीधी छै म्हारी बेटी,
बस पढ़-लिखर
अपणा पावां पै खड़ी हो जा
जमाना सूं लड़बो-बोलबो सिख लै
म्हारी नाई पाछै मत रीजे,
जद म्हूं सोचती
अस्याण क्यूं क्है छै मां,
कैई बार म्हूं दु:खी होती तो
माथा पै हाथ फेरती
लाड़ करती
बोलती कांई भी न?
बिना बोल्यां ई सब क्है देती
खुद के लेखै कदी काई न मांगती
भगवान सूं
अर म्हारै लेखै
आठ दिन मं च्यार बरत करती,
याद ही कोई नं
कद दिन कढ़ ग्या
आज म्हूं खुद
बेटी की मां बण'र
उस्याई
मां को वैवार दोहरा री छूं

तो मां का मन मं चालता
भावां की लहर
गंगा जी की नांई
म्हारै भीतर सूं बहती रह छै
पतो ई न पड्यो
मां कद म्हारे भीतर
रमगी उंड़े काळजे मं
समय अर पीढियां बदलगी
पण मां तो
बस मां ही रह छै संसार मं,
मां की छाया रह छै बेटी
म्हारी बेटी बी
कदी-कदी कहती रह छै,
मम्मा आप बी
नानी जसी होती जा री छै।

❑ ❑ ❑

✍ डॉ. शर्मिला प्रकाश सोनी

शर्मिजेड़ी कूख

खून पसेवो सींच कर पाळी ही औलाद,
सोच्यो नाम कमाया ही हुज्यास्यू आबाद।
मुळक मुळक ब मावड़ी बिचला दीन्या गास,
जीव धर्यो औलाद पर गिण गिण जीती सांस।
काजळ बिचली आंगळी तीखो नैणा सार,
काळो टीको निजर उतारे लूण र राई वार।
पण कद सोच्यो मावड़ी जलमयो हु जल्लाद,
कूख लजासी माय री छाती रांधे राद।
दूध करज ने भूल कर खून भर्यो है हाथ,
मां, बेणा री लाजड़ी आप बचाओ नाथ।।

❑ ❑ ❑

✍ सिया चौधरी

मां रा किरतब

म्हारी मां रो कांई केवणु
बी की बात ही न्यारी
दिनूग्या स्यूं तेवड़े
कीं न की न्यारा तेवड़
न्ह्याण–ध्यान पछै
मिन्दर देवरे री परकरमा,
पंछ्यां ने दाणा,
गायां ने रोटी,
कुकर–मिनक्यां ने दूध रो पळो
जे कदे कोई
भूको आ ज्यावे
साळ में पीढ़ो घाल जीमावे
चटा–चट निपटावे
दोफारी का काम
करे चतराई
फेर उडीके
सखी कोई बेगी बुलावे
भोत चोखो लागे
गावे भजन, करे कीरतन
सींझ्या आरती

पछै बेठ जीमावे
आपरा लाडेसर
घणु सुख पावे
उण रो जीव
म्हाने देखे जद हंसता खेलता
इस्या है म्हारी मां रा
खेळ-ख्याल्यूण्या
अर किरतब

◆◆◆

म्हारी मां

आई गई हर लुगाई सागे
हंताई तो भोत करां हां
नीं कर सके कोई बरोबरी
मां स्यूं मन की बात री
घणी चतराई स्यूं
बणाल्यां हां पकवान
पण कदे ही नीं आयो
मां रे हाथ जिस्यो सूवाद
ओढ़-पै'र कर सिणगार
कित्ता ही इतराल्यां
पण मां री चुनड़ी ओढ
इतराण री बात ही न्यारी है
अटाळे स्यूं भरियो व्हे
चाय घर रो खूणों-खूणों

भोत ही वाल्हो लागे
मां रो दियेड़ो बाटको भी

◆◆◆

थारी मुळक

जद तूं मुळके
म्हारी आंख्यां
च्यानणु हु ज्यावै
लागे इण जुग मांय
सो कीं भलो है
थारी मुळक री
ओपमां करूं म्हें
संसार मांय इसी तो
दूजी चीज कोई
नींगे ही नीं आवे
चाय कित्तो ही दुख,
कित्ती ही चिन्त्या,
कित्ता ही ऊजांट व्हे
मायड़ म्हारी
थारी एक मुळक
कती लूंवा में ज्याणु
ठण्डो बायरो

❑ ❑ ❑

✍ ऐश्वर्या राजपुरोहित

आप हौ तौ म्हैं हूं

आपरै काळजिया री कोर म्हैं
आप बणायौ बो मिनख म्हैं,
सिंझ्या री चाय आपरै सागै
सुकून ऊं भरियोड़ी आह ई आपरै सागै,
आपरै बिना कांई है म्हारौ जीवण
आप हौ तौ म्हैं हूं
आपरै बिना म्हैं कांई हूं?

टैम रा हर छोर माथै
जीवण रा हर मोड़ माथै
जिणरी ओळुं आई बै आप,
तावड़ा ऊं छाया आप
जीवण रौ मारग आप,
आप हौ तौ म्हैं हूं
आपरै बिना म्हैं कांई हूं?

आपरै काळजिया री कोर म्हैं
आप बणायौ बो मिनख म्हैं,
आप म्हारौ सगळौ जीवण
आप ई म्हारौ पूरौ आधार,
प्रेम वाळौ औ लेख म्हारौ
'मायड़' रै लाड़ सूं भरियोड़ा सारौ।

❑ ❑ ❑

✍ मनोहरसिंह राठौड़

मां

मां सबद उच्चारतां मन में अेक खुसी, नेठाव बापर ज्यावै। गांव में म्हें भाबू कैया करता अर जीसा री नौकरी री ठौड़ नागौर सहर में आयां बाईजी कैवा लाग्या। लारली साल अठै जोधपुर में म्हारै घरां चौक में बैठ्या म्हे सगळा जणां जीमै हा। पंडताणी जी जीम नै जाय चुक्या हा। खीर-जळेबी, पुड़ी वोसाग रौ जीमण साधारण ई हो पण मिठास री रळक न्यारी-निरवाळी ही। बियां ओ मां रौ काम हो। मां रै कोई काम में कदे ई कोई कांण-कसर नीं रैयी जद अब कियां रैय सकै ही? घर री बहुवां रसोई मांय पुड़्यां उतारै ही पण वां नै रैय-रैय लखावै हो जांणै मा'सा लारै ऊभा देखता होवै।

मां दाळ-सब्जी सूं लगाय सीरो-खीर कै दूजी कोई बानगी कै सीयाळै रौ सनीणौ बणावौ मां रै हाथ री तासीर ई न्यारी ही। रसोवड़ै री वा सोरम नाकां रै मारग जाय, मन में सांतरी भूख जगाय दिया करती। बणायोड़ा खाणा में मिरच-मसाला, मीठा-चूंठौ, घी-तेल इत्याद सगळा नाप-जोख रा अेकदम पूरा फिट-फाट। नै कमी नै बेसी। सीयाळै में सनीणौ आई साल बणतौ। मूंगां रा कै गूंद रा लाडुवां में भांत भांत रा मेवा। आटा-गूंद री सिकाई अत्ती हिसाब री कै अेकर मसीन भूल कर सकै पण मां नीं कर सकै ही।

घणी वार सोचूं मां अत्तौ कठै सूं सीख्यौ? बार-तिंवार, बरत-बडूल्यां री बगत कीं मीठौ चूंठौ कै कोई परसाद त्यार होया करतौ वीं में अेक इदकौ सुवाद-सुगंध पेट अर मन दोन्यां नै तिरपति कर दिया करती।

जीमण अर सवामणी परसाद घणी ई ठौड़ होवता रैवै पण मां बणाया करती वैड़ौ जीमण में सुवाद कठै ई नीं मिल्यो। वीं जीमण रै साथै साथै मां रै हाथ री सोरम ई बस्योड़ी रैया करती जकी जबरौ उछाव पनपाय दिया करती। आज भी जद-कद सक्करपारा गुलगला बणै, म्हैं खावण सूं पैली वां गलगलां में मां रै हाथ री ममताळू मेहंदी रची सोरम सूंध्या करूं।

मां नित उठ न्हाय-धोय भगवान जी री पूजा रौ नेम निभाया करती। वीं सूं इयां लखावतौ जांणै मां रै आरैसारै ई देवतावां रौ बासौ है।

म्हें जद नान्हा नान्हा टाबर हा, वीं बगत हथायां में बैठी लुगायां में केई वार कोई भूत-पलीत री बात पोळाइज ज्याती। म्हें नेड़ा सिरकता थकां बावड़ बावड़ देखता, वीं घोर अंधार मांय सूं निसर परौ लांबो-चोड़ो भूत म्हारै कांनी आवतौ लखावतौ। वीं बगत म्हें मां री ओढणी रा पल्ला में मूंडौ ल्हकोय छापळ ज्याता। बस भूत कांई ठाह कठै छूमंतर। म्हें मजबूत किला में बैठ्या बैठ्या मां रै डील री सोरम में गैळीज ज्याता।

मां म्हनै वां दिनां सगळां री मावां नांव सरूप लाग्या करती अर आज भी लागै। गोरापणै रौ गेहुंवै रंग रौ केसरिया फूटरी ओप लियां पळपळाट करतो मूंडौ। मोतियां, तोरुंफूलो, केसरिया रंग रा बेसबागा रौ पैराण, माथै री लाल कूंकूं भरी मांग, ऊपर सांतरा जड़ावां री बडीसारी रखड़ी, कानां में टोटी ओगन्या, नाक में कांटौ, लिलाड़ रै मोटी लाल सुरख बिंदी, गळै में गळसरी अर साचा आबदार मोत्यां री सोनै री चैन, काळा केसां री मींड्यां बणाय सांतरौ गूंथ्योड़ौ माथौ बस आ ही म्हारी मां ही। कुल मिलाय गहणा-गांठी, निरोगौ डील, पैराण, आं सगळां री केसरिया ओपती भळक सूं मध्य जुग में जुद्ध में जावता जोधार री मोत्यां रो थाळ सजायां, पूजा कर नै विदा करती जोड़ायत जैड़ी रूपवान छिब उभरती। और मां रै अपणेस या ब्योहार री बगत, ईसा मसीह री मां मेडोना रै आंख्यां री असीस देवती नरमाई री ओपमा जिसी चोफेर झरती निगाह आया करती। ठीक-ठीक कद में सावळ कस्योड़ा डील सूं ठीमर-ठोस

पग धरती जद पगां में पैर्योड़ी जोड़, कड़ला, पाजेब री पांच सेर चांदी रौ झरणाट कर पगां री लांक, अेक सलीकैदार राजपूताणी री ओळख हवा में तिरण लागती।

छुट्यां में गांव गयां पछै पाछा बावड़ती बेळ्यां, वीं बगत रा रीत-रिवाज मुजब आपरा पैराण ऊपरोकर अेक धोळो चादरो ओर ओढ्या करती। जिण सूं कपड़ां रै मांयनै डील रौ कोई सो अगं परायौ मिनख नीं देख सकै। मां इण पैराण सूं जीसा री नौकरी रा सहर में स्टेसण सूं तांगा में बैठ, घरै पूग्यां पछै पाछा छः महिनां सूं गांव जावणो व्हैतौ जद घर सूं बारै नीसरती। वीं सूं पैली अेक आंगळी ई किंवाड़ां बारै नीं काडी।

आज बिचार करूं अत्तौ डब्बी बंद रैयां पछै बारै री बातां री जांणकारी कियां व्हैती व्हैला? पण मां घणी अगाऊ सोच री ही। म्हां भाई बहनां री पढाई री सरुआत अर पछै री पढाई में मां अेक सांतरै मास्टर री जियां बरोबर कनै बैठी रैय, म्हांनै पढ़ाया-लिखाया। आखर ग्यानवाळी मां बगत माथै 'होम वर्क' अर पढाई करवावणी मां री अक्कल ऊरमा रौ परताप ई हो।

म्हारी मां डर नांव री चिड़ी नै तो कदै जांणी ई कोनी। सदा कैया करती - "डर अेक इज्जत रौ हुवै ओर संसार में क्यांरो डर? सगळै भगवान रो बासो।" अेकर रात रा अेक चोर आयग्यौ। जीसा अर म्हें सगळा सूता हां। मां अेकली ऊठ बारै चौक में जाय दकाल मारी-"कुंण हुसी?" इण दकाल साथे चोरजी भाजग्यो। इयां ई अेकर म्हांरा किराया रा मकान में रात रा कीं खटर-पटर सुणीजी। इण बात रौ हथाई में जिकर हुयां, दूजी लुगायां बतायो-"थारै इण घर में ओपरी हवा रौ बासौ है। पैलीवाळा किरायैदार हा वै भी इण वास्तै ई ओ मकान छोडग्या।" पण मां री छाती नै धिन्न है। अेड़ी हालत में जीसा रै ट्यूर में गयां पछै ई अेकली हड़मान चाळीसै रै पांण वठै ई बेधड़क रैय सकी। कदे कदे म्हनै लखावै म्हारै मन में जकौ ई कीं ठोस, मजबूत है, वो वीं रा दियोड़ा

संस्कारां रै पुन्न परताप सूं ई समझौ।

जद कद पिरवार रा छळकपट, धोखा, कै कोई मोटा काम में पइसां री तंगीतुस्सी सांमै आई, पढ्या-लिख्या जीसा रै घणां घबरायां, कोरा आकर ग्यान राखवाळी मां घर री ढाल बण परी सांमै ऊभगी-"मोट्यार हूय इयां कांई घबरावणौ", इयां कैवण रै साथे कीं-न-कीं समाधान सांमै धर देवती। इयां ई कुटम-कबीलै री कोई पंच-पंचायती री बगत जीसा वां अणपढां री बखड़ी में आयोड़ा, कोई कागद लेवण, कै पाणी पीवण वास्तै घरै आवता, घूंघटां री ओट में मां कैवती-"आपां कोई रो खायौ कोनी, कनै सूं खुवायो हां। डरणौ किण बात रौ?" इण अेक बोल सूं पासौ पलट ज्याया करतौ।

इयां मां आपरै ऊजळै चरित्तर कर निरमळ ब्योहार रै पांण सदा म्हारै वास्तै भगवान री मूरत जैड़ी ई ही। कोई हारी बेमारी री बगत मां दोय-तीन रातां कनै बैठी, आंख्यां में काढ दिया करती। बगतसर दवाई देवती, खावण-पीवण री ब्यवस्था अर उल्टी-दस्त होयां कपड़ा, घर री स्याफ-सफाई करणौ जबरौ काम हो। वै बातां चितारतां लखावै-मां कोई मानवी नीं होय, वा स्टील बॉडी री कोई परलोक री पवित्तर आतमा ई अवतार लियौ हो।

बियां वीं नै अत्ता घरेलू नुस्खा याद हा जिणां रै पांण आधी पीड़ावां घर में पग नीं देय सकै ही कर आयोड़ी मांदगी बिना डाक्टर बैद रै भाजती जेज नीं करती।

अत्ता ठोस बिचारां अर बजर री छाती री धणियाणी मां, दूजां रै दुख-सुख री बगत साव मोम बण ज्याया करती। म्हारै गांव सूं कुटम कबीलै रो काइे फौजी जद लड़ाई री बगत छुट्टी कैंसिल होयां, आपरी पूरी वरदी लगाय गांव सूं विदा होवतौ वीं बगत मां री आंख्यां में आंसू सगळां सूं पैली रळकता-हे भगवान! थांरा टाबर मौत रा मूंडा में जावै है। हे खेतरपाळ जी, माताजी, भैरूंजी आं टाबरां री रिछपाळ करज्यौ।

इण कंवळा कोमल रूप में मां सदा आखै संसार री मां बण ज्याया करती। म्हैं बावड़ नै देखता जद, मां रो चेहरौ बदळ्योड़ौ अर जगत माता जैड़ौ उजास निगै आया करतो। म्हैं नौकरी में आय खुद, टाबरां रौ बाप बणग्यौ। वीं बगत भी छुट्टी खत्म होयां घरै सूं बिदा होवती बेळ्यां, मां रै आंख्यां री कोर सदा आली हो ज्याया करती। वा म्हनै वो ई आठ-दस बरसां रौ नान्हौ टाबर मानता थकां भगवान सूं सोरा सुखी, निरोगौ राखणै री अरज करती रैवती।

जियां लाडू री कुंण सी कोर मीठी नीं होवै, बियां ई मां रौ कुंण सो रूप सांतरौ, मजबूत, सरावणजोग नीं, ओ कैवणौ मुसकल। इण रौ मोटौ कारण ओ कै दिनूग्यां चिड़ी-कागलां री चूंचाट-कुरलाट रै पैली ऊठणवाळी मां रात रा सोवण तक लगोलग काम में बिलग्योड़ी रैया करती। घर रा फूस-बुहारी, साग-रोटी, न्हावण-धोवण सूं लगाय म्हां टाबरां नै त्यार करणा, पढाई वास्तै खेचळ, दाळ-दळियो दळणो, बेसण त्यार करणौ, पापड़-मुंगेड़ी-खीच्या बणावणा, बार-तिंवार री स्याफ-सफाई अर सगळी बानगी री नमकीन-मीठाण बणावणौ इयां कांई ठाह कित्ता काम मां रै जिम्मै हा। सिरख-पथरणां में डोरा घालणा, खेस-चादरा धोवणा ई करती। आज आं सगळी बातां नै सुणायां, नुंई बहुवां रौ माथौ चकरीज ज्यावै। मां नै निकमौ बैठणो नीं सुहावतौ। म्हांनै ई पोटाय, धमकाय बूतै सारू काम लगायोड़ा राखणो वीं री हुंस्यारी ई ही। आज म्हैं जकोई कीं बण सक्यौ हूं, वो जीसा रा आंकस सूं बचावण सूं लेय कीं सीखणौ, साच रौ साथ निभावणौ, दूजां री मदद करणी, कहाणी-किस्सा लिखण री लग्न, आ सगळी कर्मठता मां रै पांण ई समझौ। मां रौ कैवणो हो-मिनख रौ चाम प्यारौ नहीं, काम प्यारौ हुया करै। काम ही असली पूजा, ओ मंतर मां म्हांनै जलम घूंटी में ई देय दियौ।

अत्तै काम रै पसारै पछै ई मां बगत मिलतां पांण म्हांनै रामायण-महाभारत कै कोई धरम-करम रै सीख री लोक कथावां, कैबतां सुणायबौ

करती। म्हैं जद छोटी-मोटी तुकबंदी कै चितराम उकेरतौ मां वीं री अत्ती सरावणा करती, जोस भरती जिण सूं म्हैं समझतौ म्हारौ काम कित्तौ महताऊ। वीं सरावणा, असीस रै पांण साहित्य अर कला रै मिंदर री पैड़्यां तांणी म्हैं पूग सक्यौ हूं।

वीं दिन म्हे सगळा चोक में खीर-जळेबी जीमै हा। आखै दिन जाणौ मां म्हारै आसंग-पासंग ई ही। वीं री बातां ई चालै ही। वा मां री पांचवीं बरसी री बात ही। साच्यांणी मां अळघी कद गई? वा तो अठैई कठै म्हारै माथै छत्तरछियां कर राखी है, हरेक काम काज री लकब, कोई रै ओड़ी में आडौ आवणौ, झूठौ दिखावौ नीं करणौ, आफत आयां होंसलो राखणौ, परमारथ पक्कौ रतन, कोई नै नीं बिसरावणौ, स्याफ-सफाई सूं रैवणौ, काम में क्यां री सरम, कोई काम छोटौ नीं हुवै, घरै आयोड़ा रौ आव आदर करणौ अेड़ी अलेखूं बातां बतावती जकी बातां रै पांण मां रौ अहसास बरोबर बण्यो रैवै। इण सूं लखावै मां अठै ई मौजूद हैं। मां अेक जगतव्यापी अहसास है। मां अेक सांतरी सौरम है जकी याद करतां ई आपरी हेताळू संजीवणी सूंप देवै। धरती माथै भगवान रौ रूप बण्योड़ी म्हारै माथै सदा हाथ राखती आई। हे मां! थूं इयां ई मुळकती निजरां आसीस देवती रैवज्यै।

❑ ❑ ❑

✍ बसंती पंवार

जिनगाणी री गळियां मांय मां ई मां

आपां सुणतां आया हां कै – मातृ देवो भवः अर महर्षि वेदव्यास जी मां रै विसै में लिखै–

नास्ति मातृसमा छाया, नास्ति मातृसमा गति।

नास्ति मातृसमं त्राण, नास्ति मातृसमा प्रिय।।

अरथ औ है कै मां रै जैड़ी कोई छिंया नीं, मां रै जैड़ौ कोई सहारौ नीं, मां रै ज्यूं कोई रक्षा करणियौ नीं अर मां सूं बढ'र काई प्यारौ नीं।

महाभारत में जद यक्ष, धरमराज युधिष्ठिर सूं सवाल करै कै "भूमि सूं भारी कुण है?" तद युधिष्ठिर पडूतर देवै – "माता गुरुतरा भूमेरू"।

मां कोमलता में गुलाब री कळियां सूं घणी कोमल अर दयावान हुवै। पवित्रता में यज्ञ रै धूवैं ज्यूं अर आपरौ कर्तव्य निभावण में वज्र जैड़ी कठोर हुवै। संसार में घणाई फूटरा लोग हुवै पण मां सूं फूटरौ कोई नीं। गाय रौ बछियौ ई मां बोलतौ–बोलतौ नीं थाकै।

अपाणा वेद–पुराण, दर्शनशास्त्र, स्मृतियां, महाकाव्य, उपनिषद आद सगळा मां री मैमा अर गुणगान सूं भरिया पड़िया है। इणरै टाळ ऋषि–मुनि, विद्वान, साहित्यकार आद ई मां री अनुभूतियां नै कलमबद्ध करण री कोसिस करी है पण मां सबद री अनंत महिमा नै आज तांई कोई सबदां री माळा में नीं पोय सकिया।

मां एक अैड़ौ अलौकिक सबद है जिकौ हियै में आवतां ई रूं–रूं आह्लादित हुया जावै, भावनावां रौ ज्वार उमड़ण लागै। औ एक अैड़ा

अमोघ मंत्र है जिणनै बोलतां ई पीड़ा कम हुय जावै। मां री ममता अर उणरै आंचळ री छिंया री मैमा सारू सबद नीं है। उणनै खाली महसूस कर सकां।

नव महीणां तांई गरभ में राखणौ, प्रसव री पीड़ झेलणी, रातां जाग'र ध्यान राखणौ, हीलौ गावणौ, चालणौ-बोलणौ सिखावणौ, रिस्तां री ओळखाण करवावणी, डांटणौ-डपटणौ, रूठ्यां मनावणौ, लाड सूं जीमावणौ, संस्कारित करणौ, टाबर री रक्षा सारू मोटै सूं मोटौ त्याग करणौ अर मोटा हुयां ई उणां री चिंता-फिकर में लाग्योड़ौ रेवणौ, आ मां री ओळखांण है। अै सैं कीं करतां उणनै कदी पिछतावौ नीं हुवै। इण स्रस्टि रै हरेक जीव-जंतु री मां अैड़ीज हुवै।

मां सबद नै, सबदां री सीमा में नीं बांध सकां, नीं परिभासा के उपमा देय सकां क्यूंकै मां तौ मां इज हुवै उप-मां नीं हुवै।

आखै संसार मांय मां जैड़ौ रिस्तौ किण सूं ई नीं हुवै। आपां सोचां कै कोई म्हारौ हुवतौ तौ वा सिरफ अेकूकी मां इज है जिकी आत्मा सूं बिना किणी सुवारथ रै आपरी औलाद री हुवै। अबार री वृद्धाश्रम संस्कृति में जे औलाद उणनै उठै पुगाय देवै तौ ई उणरै मूंडा मांय सूं आपरी औलाद सारू आसीस इज निकळै। आखरी सांस तांई उणरी आंख्यां में उडीक रेवै। उणां री अेक झलक देखण सारू उणरी आंख्यां फाटोड़ीज रैय जावै।

ओ मां! हेटै पड़तां ई मूंडै सूं निकळै। सोचां क्यूं? बीमार हुय जावां के लाग जावै के कीं दुखपीड़ हुवै तौ मूंडै सूं मां इज निकळै पण क्यूं? आप, भाई-बैन के टाबरां रौ नाम मूंडै सूं क्यूं नीं निकळै? संसार रै सैं सूं छोटैसेक सबद मां सबद में अैड़ौ कांई है? मां नै याद करतां ई मन मांय अैड़ी सौरम ई सौरम भर जावै जिण सारू सबद नीं है। जाणै कोई जादू...कोई चमत्कार... जाणै सगळा दुख दूर हुयग्या हुवै। औ सबद अेक अहसास है जिकौ जिनगाणी री लड़ाई लड़ण री ताकत देवै।

टाबरपणां में जद मां निंगे नीं आवै, वो रोय–रोय 'र घर माथै उठाय लेवै। मां मारै तौ ई उणरै खोळै में जाय 'र चुप व्है। मां बिना जाणै सैं कीं गमग्यौ व्है। जाणां हां कै मां सारी उमर सागै नीं रेवै पण जीव नीं मानै। बीमार हुय जावै तौ उणरै ठीक हुवण री उडीक रेवै। चावै आपां किताई बूढा हुया जावां, मां ई चइजै, दुख में तौ वा ई याद आवै।

सोचां के देखां जिणां री मां टाबरपणै में ई उणां नै छोड 'र देवलोक हुय जावै, वै कैड़ा लूंणा–लूंणा उदास हुयोड़ा फिरै, दूजा टाबरां रौ लाड हुवतौ देख 'र किता बिलखा–बिलखा हुय जावै अर जिणां री मां छोड 'र जावै परी, चावै छोटा व्हौ कै मोटा उणां रौ सैं कीं लुट जावै। बात–बात माथै ओळूं सूं उणां री आंख्यां भरीज जावै। अठै तांई कै जद मिरतू सांम्ही ऊभी हुवै, उण बगत ई मां याद आवै। अैड़ौ रिस्तौ संसार मांय दूजौ अेक ई नीं है। प्रेम....प्यार तौ सैं सूं पैला मां सूं ई हुवै।

मां सूं बढ 'र बेटी री साथण दूजी कोई नीं हुय सकै। मां बिना पीवर, पीवर नीं रेवै। वा उडीक....वे चोखी चीजां....अजै तांई नीं? बारणै ऊभी....मारग जोवती मां, बेटी नै देख 'र किती हरखीजै।

नौकरी रै कारणै टाबर अळगा रेवै तौ, कांई ठा वै कीकर हुवैला? कोई दोराई तौ नीं? कद आवैला? आद चिंतावां मांय डूब्योड़ी रेवै मां। फोन नीं आयौ....कांई हुयौ.... देवी–देवतावां नै मनावती.... आसीसां देवती मां....।

जद कदैई जिनगाणी में दोराई हुवै, मां री ओळूं में आंख्यां सूं झर–झर मेवलौ बरसण लागै। मां रै सागै बितायोड़ा पल–छिण ई स्यारौ बणै। जणै जीव घणौ घबरावै, मावड़ी याद आवै। नीं आंसू रुकै अर नीं मां आवै। घर री सगळी चीजां में मां निजर आवै। थूं यूं कैवती.... यूं करती... थारै रिमझोळां री झीणी–झीणी आवाज....भजनां रै मीठा सुरां सूं ठा पड़ जावती कै थूं काम मांय लागगी है....थूं नीं है पण अजै ई थूं है ओळुंवां री गळियां मांय....।

मां टोकती-रोकती तौ चोखौ नीं लागतौ पण आ बात मोड़ी समझ में आई। मां री अेक झलक देखण सारू तरसती रेऊं। तकलीफ में जाणै वा आसैपासै ई है पण जीवड़ै नै समझावणौ घणौ दोरौ है। मां थारै हाथां में जाणै जादू है। थारै बिना म्हारी जिनगाणी घणी अधूरी है, आ बात थांनै कीकर समझाऊं, जीव करै कै दौड़'र थां सूं लिपट जाऊं....थां क्यूं छोड'र गया? थां सूं झगड़ौ....रूसणौ करूं अर मां म्हनै मनाऔ। थां म्हारी कित्ती गलतियां माफ कर देवता हा, अबै तौ म्हारी कोई राई जित्ती ई गलती माफ नीं करै।

मां थारै दियोड़ै संस्कारां सूं बढ'र कोई डिग्री नीं तौ कदैई बणी अर नीं कदैई बणैला। पण हमें औ बाळणजोग टुणटुणियौ मां अर टाबरां रै बिचाळै भींत ज्यूं आयग्यौ, इणसूं नीं तौ मां थानै फुरसत है अर नीं टाबरां नै।

केई बरसां सूं अेक नवौ खिलकौ चाल पड्यौ है 'मातृ दिवस' मा। रौ दिन। इण दिन नै लेय'र म्हनै अेक बात याद आवै - अेक भणी-पढी छोरी इण दिन आपरी अणपढ मां रै सारू उपहार लेय'र गई तौ मां पूछियौ-"औ कांई है अर क्यूं लाई है?"

"मां, आज मां रौ दिन है इण सारू थारै वास्तै...।" औ सुणतां ई मां रीसां बळती बोली-"आगी बळ अठा सूं अजै तौ म्हैं जीवती बैठी हूं अर थूं म्हारौ दिन करै.... म्हारै मूंडा सांम्ही यूं बोलतां थनै लाज नीं आई?"

कांई मां रै सम्मान सारू अेक दिन ई हुवै? मां रौ मान सम्मान तौ जद हुवै जद उणरौ जीव सोरौ रेवै.... वा तन-मन-धन सूं सोरी हुवै.... कड़वा बोलां सूं उणरौ काळजौ दाझै नीं....उणरा सगळा टाबर हिळमिळ'र रेवै। मां री धन-माया उणरा टाबर हुवै अर जे आ धन-माया बिखर जावै तौ उणरै दरद रौ कोई छै न कोई पार...काळजौ कळपतौ रेवै।

परिवार बिखरण रौ दरद, वृद्धाश्रम संस्कृति, मान-मरजादा री

कमी, फैशन री आंधी दौड़ आद सूं आज री मां घणी दोरी है। मां री शिक्षा टाबरां नै खारी जैर लागै। बगत बीत्यां जद टाबरां माथै बीतै अर खुद री गलती रौ अैसास हुवै जित्तै तौ चिड़िया खेत चुग जावै, भलांई माथौ फोड़ौ कीं हाथै नीं आवणौ है।

कैवत है कै – पूत कपूत हुय जावै पण मात कदैई कुमात नीं हुवै। मां अर टाबर रौ अटूट रिस्तौ हुवै जिणनै वा जीवै जित्तै तन–मन–धन सूं निभावै। मां सूं बढ'र संसार मांय कीं नीं है। वा ई सुरग है...भगवान है। अर भगवान में इतरी हिम्मत कठै कै वो टाबर नै पाळ सकै इण सारू ई तौ मां नै इण दुनिया मांय भेजी है।

मां री कमी कोई पूरी नीं कर सकै। उणरौ अैसास ई जीवण सारू अेक दवा है। उणरौ जीव दुखावणौ भगवान रौ जीव दुखावण रै बरोबर है।

मां री आंगळियां
जद रेत ज्यूं
फिसळगी हाथां सूं
आंख्यां डबडबीजगी
अपणापै री कमी सूं
जीवणौ दोरौ हुयग्यौ।

❑ ❑ ❑

✍ भंवरलाल सुथार

मां : जैड़ी देखी वैड़ी भाखूं

सृस्टि री सिरजणा सूं इज मां री महता अर मैमा जगजाहिर है। बिना मां सृस्टि रौ विगसाव संभव कोनी। दुनिया रौ सबसूं छोटौ सबद है 'मां' पण इण में इत्ती सगतियां समायोड़ी है जिणरौ बखांण करणौ मिनख रै बूतै रै बारै बात। मां हर जुग में आदरीजती रैयी है, चायै कोई जुग व्हौ मां री मैमा वेद, उपनिषद, पुराणां अर धरम ग्रंथां में बखांणीजी ई नीं उणनै देवी रूप मान'र पूजी है। जगत रा जित्ता ई जीव-जंतु है उणां री उत्पत मां सूं व्ही अर मां उणां नै पाळ-पोस आ दुनिया दिखाई। मां कोई अर किणी री हुवै अबखी वेळा में किण सूं ई भिड़ती जेज नीं करै अर आपरा जायां री रुखाळ कर पगैबाळ करै। अैड़ी मां रै उदर सूं जलम लियां उणरी मैमा रौ बखांण आखरां में करणौ तौ दोरौ है पण म्हैं अठै म्हारी मां नै जिण भांत री देखी उणनै संस्मरण रूप में आपरै सांम्ही राख'र औ जतावण री कोसिस करूं कै मां रौ हिरदै आपरी औलाद सारू कित्तौ नरम हुवै।

ठेठ गांवांई संस्कृति अर ढाणियां में अपढ मां री कूख सूं जलम लियौ अर उणरा हांचळ सूं जिकौ अमिरस चूंघियौ वौ म्हारै सारू अमोलक धरोहर है। गांव में पाणी सूं लेय'र हर भांत री सुविधा रौ घणौ अभाव रैयौ। गांव रौ पाणी खारौ जै'र, पीवणौ तौ छोडौ जीव-जिनावरां नै पावण जोग ई नीं। अैड़ी अबखी जागा पैदा हुय'र मां रा संस्कारां री जिकी सीरणी मिळी उणनै याद करतां हियौ भरीज जावै। इण बाबत कीं आखरां में मां रै अबखी जीवण जातरा रौ वरणाव करण री खेचळ।

मां रौ दिन सुबै घट्टी आळौ तारौ (परभातियौ) ऊगियां सरू हुवतौ। उठतां ई दो पाईली (चार किलौ) बाजरी रौ आटौ घट्टी सूं पीसणौ,

वो ई दिन उगियां पैली। दिन उगियां पछै घट्टी फेरणौ कुसुगन मानीजतौ। मां इण नेम रौ आजीवण पालण करियौ। घट्टी सूं निवड़तां ई वित्त-व़ार रौ काम। गाय, घौना, लरड़ी, ऊंट जैड़ा जानवर हमेस घर में रैया। अ सबां नै जथाजोग चारौ-बांटौ न्हाखणौ अर पछै गाय नै मेळणौ (दुहणौ)। दूध री तामणी चूल्है चढायां पछै टाबरियां नै उठावणौ उणां सारू झारै रौ प्रबंध करणौ। पिताजी ई सुबै बेगा उठ जावता अर किणी प्रकार रौ नसौ-पतौ नीं हुवतौ। इण कारण सूरज किरण काढतां ई उणां रै गरम झारौ चाहिजतौ। मां म्हां टाबरियां नै दूध पाय'र पिताजी सारू साग रोटी बणाय नै उणां नै झारौ करावती। पछै म्हां टाबरियां रौ नंबर आवतौ तौ अेक दही आथणी सूं जम्योड़ौ दही निकाळ'र उण में बाजरी री ठाडी रोटियां चूर नै सबां नै जीमण नै देवती। पोसाळ जावणिया टाबर झारौ कियां पोसाळ कांनी टुर जावता अर बीजा घरै रम्मत लाग जावता।

अबै मां रूपी मसीन पाछी सरू हुवती आपरै काम काज में। मोटौ छाडै में दही घाल'र बिलोवणौ करती, म्हांनै ई माखण री चूंटी चटाय देवती। बिलोवणौ निवड़्यां आड़ोस-पाड़ोस सूं छाछ लेवण आयोड़ा टाबरां नै पांती आयी छाछ घालती। बिलोवणौ रौ धोवण पाणी में मिळाय'र घौना बकरियां अर लरड़ियां नै पावती। जितरै तावड़ौ निकळ आवतौ। अबै बारी आवती सबसूं अबखै काम री। ढाणी सूं तीन किलोमीटर आगी बेरी सूं पीवण रौ पाणी माथै मटकौ धर लावणौ। साथै ई गायां अर ऊंट नै ई पाणी पावण नै ले जावणौ पड़तौ। जद मटकां सूं पाणी पूरौ नीं पड़तौ तौ बेरा सूं पाणी सींच'र ऊंट माथै पखाल भरनै लावणी। जित्तै खुद री काया नै भाड़ौ इज नीं देवती। पाछा आयां न्हावती-दौड़ती अेकाध रोटी खाय लेवती तौ ठीक नींतर अेकासणौ ई समझौ।

जित्तै रोटी वेळा रौ समै हुय जावतौ अर सबां सारू रोट्यां पोवणी अर राबड़ी रांधणी, खाटौ या कोई दूजौ साग बणावणौ। सबां नै जिमायां पछै लूण-मिरच-हळद आद मुसालौ कूटणौ। सिंझ्यां रौ खीच बणावणौ

हुवतौ तौ बाजरी भिगोवणी अर उणनै कूट-छड़'र खीच सारू तैयार करणौ। इण काम में अऊझ जावती। घर में आयौ-गियौ लाग्योड़ौ रेवतौ अर उणां सारू रोटी-चाय रौ प्रबंध करणौ तौ लगटगै रोज रौ काम हुवतौ। इण भांत कदेई आराम नांव री कोई चीज मां कनै नीं देखी म्हैं।

खेती रै समै तौ मां मसीन सूं बत्तौ काम करती देखी म्हैं। सुबै झारौ करायां खेत रवाना कियां पछै लारै भातौ लेयनै जावणौ। खेत रौ काम सांवठौ हुवतौ जणां बड़िया-मजूरिया, ल्हास आद करणा पड़ता। आं सबां रै रोटी-पाणी रौ प्रबंध करणौ मां रै जिम्मै। चायै पचास जणा हुवौ सबां रै साग रोटी बणाय नै माथै ऊपर ऊखण नै खेत तांई पूगती करणी कित्तौ अबखौ काम हुवैला। आटौ ई खुद रै हाथां सूं पीसणौ पड़तौ अर अेकली नै इत्ता मिनखां री रोटी बणावणी कोई सांझौ काम कोनी। पण मां नीं जाणै किण तास री बणियोड़ी हर काम टैमसर निपटाय देवती।

अबै थोड़ोक म्हारै प्रति सनेव रौ बखाण करणौ जरूरी है क्यूंकै आज जिका आखर मांड रेयौ हूं वो सब मां रौ इज परताप है। गांव में पांचवीं सूं आगै भणाई रौ साधन नीं। छठी सूं गांव सूं 15 किलोमीटर दूर स्कूल में भरती हुयौ। हफ्तै में अेक बार घरै आवणौ अर जीमण रौ सराजाम साथै लेय नै जावणौ। इण काम नै मां ई पूरी करतौ। दो पायली आटौ, लूण, मिरच, हळ्द अर घी साथै घाल नै अेक कोथळियौ बणावती अर सुबै छव बज्यां घर सूं व्हीर करती जद पाळा-पाळा टैम माथै स्कूल पूगतौ। जद सनिवार नै छुट्‌टी हुयां पछै घरै आवतौ तौ पूरी सरभरा मां इज करती। रविवार नै सोरौ घणौ इज राखती।

आठवीं कियां पछै स्हैर री स्कूल में जावणौ पड़ियौ। बस आद रौ कोई साधन नीं हौ, महीनै में अेक बार घरै आवणौ। केई वेळा पिताजी ऊंट माथै बाजरी, लूण, मिरच साथै स्हैर छोड नै आय जावता। कीं समै पछै अेक बस सरू हुई, पण वा ई घर सूं पांच किलोमीटर गयां मिळती। उण समै मां तीस किला बाजरी रौ कट्‌टौ माथै ऊखण नै बस मांई पुगावती अर

आपरै घर रै काम में कठैई बिघ्न नीं पड़ण देवती।

पछै जोधपुर आवणौ हुयगौ। अठै सूं तौ तीन–च्यार महीणां में अेकार गांव जावणौ हुवतौ। मां रौ जीव देखौ जद गांव जावतौ तौ उणनै ठा हौ स्हैर में दूध–दही रौ तोटौ इण सारू अेक आथणी म्हारै नांव कर देवती, कदैई पूरौ दूध जमावती कोनी म्हां टाबरियां सारू खीर बणाय देवती। केई वेळा मौसमी सब्जियां रै मुजब साग रांधणौ ज्यूं ऊनाळै में खेजड़ी री सांगरियां तड़ै सूं तोड़ नै लावती अर सांतरौ साग बणाय नै जीमावती तौ ग्वारफळी री रुत में ऊभै ग्वार माथै ग्वारफळी तोड़'र लाय नै उण रौ साग बणावती। आप कल्पना कर सकौ ग्वार री कंपी मां रै हाथां नै लोईझांण कर देती पण मां तौ मां ठैरी। कदैई इण बात री परवा ई नीं करी। अठै अेक बात रौ खुलासौ करणौ जरूरी है कै म्हारै पिताजी रौ आंगौ थोड़ोक आकरौ हौ, उणां नै हर काम समैसार चाहिजै थोड़ोक मोड़ौ हुयां हाका–दड़बड़ कर देवता पण मां रै मूंडै माथै इणरी कदैई सिकायत नीं देखी म्हैं। सही अरथां में मां सबां रौ पूरौ ध्यान राखती अर उणां रै जोइजती चीजां अर खाणै–पीणै रौ प्रबंध करण में कदैई काठमनी नीं रेयी। अैड़ी देवी मां रै कूख सूं जलम लेवणौ धिन भाग है म्हारौ। मां नै सत सत निंवण।

❑ ❑ ❑

✍ रेखा लोढ़ा 'स्मित'

रेखा चितराम

मां तो मा ही व्हेवै

बाळपणा सूं ही तड़के बेगा ऊठबा रो सुभाव म्हने मां सूं ही मल्यो। आज मौसम री सब सूं ठंडी रात री सुबै ही अर हाड़ कंपा देबा वाळी ठंड हाडक्या में बरछी जूं चुभ री ही। मावरा मुजब सुबै चार बजां ही नींद खुलगी। दस मिनट तक तो बिछावणा में करोटां फेरती री पण जक नह आयो तो उठ ने बालकनी में आयगी। नीचे सूं कूं-कूं री आवाज सुण ने म्हैं नीचे झांकी तो देख्यो, अेक गंडकड़ी आपरा पांच हुच्यां नै राते बळया तप री बानी में सावळ आपरा डील में घुसाड़ सी ऊं बचाबा री कोसिस कर रई ही। वा अेक आड़ीनू पसवाडो फेरती तो अेक आड़ी को हुच्चो उघड़ जातो अर कूं-कूळ करबा लागतो, गंडकड़ी व्हीने ढांकती तो दूजी आड़ी को हुच्चो उघड़ जातो। सी ऊं धूजती गंडकड़ी आपरा बच्चा रो जतन करती खुद रा सी रो अेसास ही भूलगी ही। व्हीने देखता ही म्हारी आंख्यां भरगी अर म्हने म्हारी मां री ओळ्यूं आयगी।

म्हने याद आयो सियाळा में म्हारी मां सिगड़ी चेता'र म्हाकी गादिया तपा-तपा ने गरम कर ने म्हाने सुवाणती ही। म्हे बड़ी व्हेगी ही ईं वास्ते म्हे मां के अेक आड़ी सूवती ही अर दूसरी आड़ी म्हारा छोटा भाई-बैण सूवता। मां हमेस म्हारा भाई-बैण री रजाई माथे आपरी रजाई रो पल्लो नाक'र राखती ही। ईं में केई दाण मां रा मोर उघाड़ा व्हे जाता। म्हें लात मार-मार रजाई फेंक देता अर मां थोड़ी-थोड़ी देर में ऊठने म्हाने ओढाती रेवती। अर अेल सुबै फेर घर री सेवा में हाजर। पतो नी मां

कितरीक नींद काढ़ती व्हेय। म्हें तो व्हीने हमेस उनींदी ही देखी ही। व्हा बार-बार सूती थकी ऊठ-बैठती के कठैई सी सूं म्हाकी नींद नह जाग जावै। मां री कसमसाट सूं केई बार म्हारी नींद जाग जाती तो म्हें चड-चड करती के'ती मां बार-बार क्यूं उठो हो। सू जाओ अर म्हने भी सूबा दो। मां लाड़ ऊं म्हारी रजाई ऊपर तक खेंच'र के'ती वा सूजा बेटा म्हे अब न हालूं। अर म्हारा माथा पे हाथ फेरबा लागती। जितराक में भाई-बैण ऊं कोई कसमसाट करतो तो मां व्हांकी रजाई ठीक कर ने म्हांने थपकबा लाग जाती। मां सांची मां ही व्हेवे। आज म्हारा टाबर आप-आपरा कमरा में न्यारा सूणो पसंद करे, पण फेर भी म्हें रात में दो-चार बार व्हांका कमरा में झांक ही आऊं के कठै टाबर उघाड़ा तो कोयने। कदै बेटो जाग रियो व्हेवे तो के'वे मम्मा क्यूँ परेसान व्हेवो। कमरा में हीटर चाल रियो है, रजाई उघड़ भी जाय तो सी कोनी लागे। पण कई करूं मां हूं न। हर बार केऊं वा ठीक है बेटा अबे नह आऊं। पण घंटा दो घंटा पछे पाछी झांक ही आऊं। आज ईं गंडकड़ी ने देख मन में बिचार आयो के मां किसी भी प्रजाति री हो किस्या भी युग री व्हो मां ही व्हेवे। यूं ही सोचती थकी टाबरां रा कमरा में चुपचाप झांक आई अर स्टोर सूं दो बोरी का तापडा लेय'र व्ही मासूम गंडकड़ी अर व्हीका हुच्चा ने ओढाबा ने नीचे उतरी के बाकी री रात व्हे थोड़ा लाड़ ने थोड़ा नवास में चेन सूं सू सकैला।

❑ ❑ ❑

✍ डॉ. हरिमोहन सारस्वत 'रूंख'

संस्मरणात्मक कहाणी

मां कूड़ बोलै है!

'बात अपरोगी तो है पण सोळा आना सांच है। म्हारी मां कूड़ बोलै है!'

'भई कूड़ तौ पग-पग पर है, इण मांय क्यांरौ इचरज ?'

'हां, थे ठीक केवौ, पण म्हारी मां री बात अपरोगी है।'

'अपरोगी बात कोनी, म्हानै तौ थे लाग्या। सावळ ढबसर बताऔ तौ ठाह पड़ै।'

'सुणो, बात आ है कै पग-पग पर बोलीजतै कूड रै मूळ मांय तौ सुवारथ निगै आवौ करै पण म्हारी मां रै कूड़ मांय इसी कोई बात कोनी। बा तौ फगत आपरी बात मनावणी चावै। पण बात हुवै तौ जचै। नीं बठै तौ साव कूड़ ई कूड़। इण रै कारणै ई मां रै साथै हरमेस म्हारी जिद्दाजिद्दी चलै। म्हूं सदाई भणतौ आयौ हूं कै कूड़ बोलणौ पाप हुवै अर मिनख नै जठै तांई सरै, सांच बोलणौ चाहजै। म्हूं आ बात बाळपणै सूं लगा'र आज तांई अलेखूं बिरियां मां नै बताई होवैला पण चिकणै घड़ै छांट ठै'रै तौ ठै'रै।'

मां रै तौ सागी गांगरथ। तन्नै तौ म्हारी सगळी बातां ई कूड़ लागै। कूड़ लाडी म्हूं कोनी बोलूं, तू बोलै। आजकलै रौ धान खायां पछै थारी छोड़, किणी मूंडै सूं सांच तौ निसर ई नीं सकै। म्हूं अबोलौ रैय जावूं। आप ई सोचता होवोला आच्छौ मिनख है, बात कीं बतावै कोनी, बैठ्यौ दळियौ दळै। थ्यावस तौ राखौ। बात है सांच अर कूड़ री। पण कूड़ अेक

हुवै तौ बताऊं। अठै तौ सगळौ ठांव ई झूठ रै भारियां सूं भरिजेड़ौ है।

'अबै थेई बताऔ म्हारी मां कवै कै जद कदेई बारै गांव मांय रात-बेरात कोई ओपरौ आदमी आ ढूकतौ अर ओ किस्यै ई घर री चौकी माथै जा पूगतौ तौ बीं घर रा घरधणी बिन्नै आच्छी रोटी घालता अर सोवण नै मांचौ अर गाभा न्यारा देंवता। बे पूछता तो फगत बींरी साख अर गांव रौ नांव। बो ओपरौ मिनख रातभर चैन सूं सोवतौ अर दिनुगै आपरौ मारग लेवतौ।'

'अब आप ई बताऔ आ बात कूड़ नीं पछै और कांई है। अेक ओपरौ आदमी ना जाण ना पिछाण। बिन्नै कोई किंया घर मांय बाड़ सकै पण मां तौ बिन्नै रोटी खुवा'र सोवण री जिग्यां देवण री बात न्यारी बतावै। अर जे आपनै आ बात सांच लागै तौ म्हारी अेक बात रौ उथळौ देवौ आप कदेई कोई ओपरै आदमी नै आपरै बारणै सूं आगै ई लंघण दियौ है के?'

मून ना धारौ। हंकारौ भरौ कै मां कूड़ बोलै है।

मां बतावै कै बीं रै पी'र सासरै ओसर-मौसर, अैड़ौ-मेड़ै, मांय सगळौ भाईपौ भेळौ होवतौ। बो तौ आज ई हुवै, इण मांय कूड़ कांई? सुणौ तौ सरी, मां कैवै जे साठ भायां रै कड़ूंबै मांय कोई रूसेड़ौ होवतौ तौ बणेड़ौ धान कड़ाई मांय पड्यौ रैवतौ अर कोई कोनी जीमतौ। पैली सगळा रळ'र रूसणियै नै मना'र ल्यांवता पछै भेळा जीमता। अब थेई बताऔ, रूसेड़ै भाइपै नै आप कित्तीक बिरियां मनायौ है? कित्तीक बिरियां रूसेड़ै भाइड़ां नै जीमण सारू उडीक्यौ है?

पण मां तौ मां है। कूड़ बोलै तौ उण नै टोकणियौ कुण! जीसा तौ बरसां पैली हरिसरण हुग्या, हंकारौ देवै ई कुण!

मां रा कूड़ थे सुणता जावौ। बा केवै 'तेरी बडिया भरियै तावड़ियै डेढ मण रौ छालौ सिर माथै ऊंचायां धोळियै खेत सूं घरां आ जांवती।'

आपनै बतावूं म्हारै धोळियै खेत रौ आंतरौ गांव सूं डेढ कोस है। अब थेई बतावौ, लुगाई री जात, साठ किलौ भार सिर पर ऊंचायां डेढ कोस उंपाळा किंया चाल सकै? अर खेत रौ मारग आज ई इत्तौ अबखौ है कै कांई केणौ!

औ कूड़ नीं तौ कांई है। पण मां कद ठमै। बा कैवै कै तेरी नानू मौसी तकड़ी कमेरण ही। अेकर बण रात नै खळौ रुखाळती वेळा सौ मण चिणां री धड़ अेकली उफण दी। तेरै नानौ ई इचरज करयौ कै बेटी नानकी तौ छोरां उपराकर निसरी।

सौ मण चिणां री धड़! यानी चाळीस कूंटल। जे कदेई आप जेई अर चौसंगी सूं किणी किरसै नै हाथां धान उफणतौ देख्यौ है, तौ आप ई कैस्यौ इंयां किंयां हूय सकै। ते'रा-चऊदा बरसां रौ टाबर, बोई छोरी री जात! औ तौ साव कूड़ है।

आ बात किंयां जचै? अर जचै तौ बताऔ दिखाण कै आप इस्सी कित्तीक लुगायां आपरै नेड़ै-तेड़ै देखी है के?

पण नंई मां नै तौ आपरी बात मनावणी, भलांई साव कूड़ ही होवै। खेत री बात करै जद बा सदांई बतावै कै भंडाण आळी रोही सूं तेरा बाबो मतीरा ल्याया करता जिका मिसरी सा मीठा अर घड़े जिड्डा मोटा होंवता। भई, म्हारा मतीरा, तरबूज अर सैंचुरी सै देखेड़ा है, म्हूं तो कदेई घड़ै सूधौ तरबूज ई नीं देख्यौ जिकौ पाणी री धरती निपजै पछै छांट तरसती थळी में इत्तौ मोटौ मतीरो! किंया जचै?

पण मां रै कूड़ री हद कठै! बा तौ इंया भी केवै कै जद म्हूं परणीज'र इण घर आई उण दिनां थारै जीसा री तिनखा फगत बीस रिपिया मईनो ही अर बाबोसा नै पैंतीस मिल्या करता। दोनूं भायां रौ घर खरचौ हर कर'र पचास रिपिया। बा केवै उण घर रा आठूं जीव कदेई भूखा को सोया नीं, अर आयै-गयै नै रोटी ढबसर सणै चूरमै घाली। किणी मंगतै भिखारी नै ई हाथ रौ उथळौ ई दियौ, मूंडै रौ नीं!

थे बताऔ आ बात जचै है के? बीस रिपियां रौ किला आटौ को आवै नीं आज। चलो मान लियौ मुंगवाड़ौ बेजां बध्यौ है पण तोई कित्तोक? पचास रिपियां मांय पूरै मइनै आठ जीव धापै। ओ कूड़ नंई तौ कांई है? मां खन्नै किरसन भगवान री तूठेड़ी चावळां री देगची म्हूं तौ को देखी नीं कदेई!

बा बतावै तेरा नानो उंपाळा मंडी जांवता। बै बागफाटी उठ'र व्हीर होंवता अर सौदो सप्पो ले'र सिंझ्या पड्यां पाछा घरै आ बावड़ता। अपरोगी बात आ है कै म्हारै नानेरै निरबाणै सूं सूरतगढ मंडी बा'रा कोस दूर है। फेरूं कीं वजन तो सौदे सप्पे रौ ई होंवतौ हुवैला। अर बोई आणौ जाणौ चौइस कोस अेक दिन में! किंया जचै? पण मां कवै 'बठै किस्या साधन पड्या हा। पन्दरा बीस दिनां मांय अेकर तो मंडी जायां ई सरतो। हां, अेक साल धपाऊ रा चिणा हुया जणा बां अेक स्यांड ले ली।

'स्यांड पर जावणो फेर ई जचै है।'

ना मान लाडी! पण फेर केवूं कै म्हूं तेरै दांई कूड़ को बोलूं नीं। तू तो सांपड़दै ई कूड़ौ है। म्हारै साम्ही कित्ती बिरियां मोबाइल पर कूड़ लढकावै।

'घरै बैठ्यौ ई बोलै कै आज तौ पसवाड़ै आयोड़ौ हूं....'

'बस ठीक है, ठीक है। थे साचा अर म्हूं कूड़ौ!'

मां री बात रौ थाप खांयां पछै ई म्हूं कैवूं।

'म्हारी मां कूड़ बोलै है!'

❑ ❑ ❑

✍ निर्मला राठौड़

अैड़ी होवै मां... !

मां आखर अपणै आप में ई समूचा आखर लियोड़ौ संपूरण हौवै। मां जिकी आपांनै जलम देय इण धरती माथै लावै, दुनिया रा दरस करावै उण सगती नै 'मां' कैवै।

जीवण देवण आळी अर सनमान जोग चीजां रै लारै मां सबद जोड़ उणां रौ मान आखै जगत में, खासकर आपणै राजस्थान में कैयी मानजोग चीजां रै लारै मां लगाय नै बंतळाईजै ज्यूं अवनी माता, गौ माता, भारत माता, परकत माता आद।

आपणौ जलम जिण धरा माथै हुयौ उण धरा अर वठै री स्थानीय भासा, बोली नै ई मां रै समान दरजौ दिरीजियौ जावै है।

मां जकौ सैंकड़ां दुख-दरद सहन कर आपां नै जीवण दैवै उण रौ बखांण म्हैं तौ कांई दुनिया रौ कोई सगस नीं कर सकै। मां नेह, बळिदान अर त्याग री मूरती हुवै उण रै बळिदानां रौ परतिदान कोई बेटौ नीं देय सकै, भलै वौ भू मंडळ रौ कितौ ई मोटो सामी क्यूं नीं हुवै।

मां औलाद रै सारूं कैयी मिंदर-देवरै जावै घणा देवता-भोमियां नै धोक देय निंवण करै अर कैयी अेकासणां-अवास राख भूखी तिरसी रैवै। नव मास टाबर नै कूख में राखण रौ भार दरद हसती हसती सह जावै उण नै कैवै 'मां'। जद अेक मां रै पेट में टाबर पळै उण टैम उण मां नै कितरा दुख दरद, अबखायां सूं निकळणौ पड़ै आ बात महज अेक मां इज जांण-समझ सकै। पण तौ ई मां नै उण वगत बोत हरख हुवै कै वां मां बणण आळी है।

आपणै सरीर री कोई अेकाध हाडकी टूट जावै तौ कितौ दरद हौवै, आपांनै पण मां....मां कितरौ दरद सहन कर जावै आपरै टाबर नै जलम दैवण सारू। कोई हसी खेल नीं हुवै अेक सरीर सूं अेक सरीर नै जलम दैवणौ अर इण दुनिया में लावणौ।

जिण समै टाबर नै जलम दैवण रौ टैम आवै उण वगत उण मां रै पेट में किता दरदीला कंसूळियां उठै, जिणनै हरेक फोरौ-पतळौ सहन नीं कर सकै अेकण सागै सरीर री बीस हाडकियां टूटै जितरौ दरद मां नै टाबर रै जलम रै वगत सैवणौ पडै। जे सही सलामत उण मां री जिंदगी उण समै बच जावै तौ उण लुगाई रौ दूजौ जलम मानीजै। दरद रै साथै जद टाबर रौ जलम हौवै जद उण री अेक किलकारी सूं मां आपरौ समूचौ दरद नै भूल जावै।

इत्ती पीड़ा में हुवतां थकां ई मां आपरै गीगलै रौ मूंडौ देखण री आस राखै। जद उण टाबर नै मां री खाक में सुवांणै तौ उण मां रै हियै में हेत उमड़ हांचळ में दूध उतर आवै। मां आपरै काळजै रै टुकड़े नै दुलारती हांचळ चूंघावै। सरदी गरमी सगळी बातां रौ ध्यान राख आपरै जाया रौ बचाव करै।

टाबर पेसाब कर दैवै तौ उण रा पोतड़िया बदळती रैवै, आखी रात नींद नीं लैवै, आपरै टाबर रै मळ-मूत में हाथ देय उण नै साफ कर सूखा में राखै पण मां कदैई आपरै टाबर नै साफ करती सूग नीं करै। औ है मां रै हेत-हेज।

कैयी रातां काळी करणी पड़े जद उण मां रा बाळक बीमार हुय जावै, खुद री नींद अर खाणौ पाणी छूट जावै पण मां रै मूंडै अेक सिकन नीं आवै। आपरौ जीव तोड़ नै आपरै काळजै रै टुकड़ै री सेवा करै।

आपरै टाबर नै बुरी निजर सूं बचावण रा जाझा जतन करै। उण रै लिलाड़ अर काळजै माथै काजळ रौ काळौ टीकौ लगावै हर पल उण रै चावळियां माथै थुथकौ नहांखती रैवै इत्तौ ई नीं राई लूण मिरचां कर उण

री निजर उतारै। टाबर जैड़ौ खावै उण सारू मां आधी रात रा ई उठनै बणावै अर उणरौ पेट भरियां ई मां रौ पेट भरीज जावै।

टाबर नै आंगळी पकड़ नै पांवडा भरणौ सिखावै, बोलणौ सिखावै। जद टाबर पैली बार मां सबद बोलै उण टैम मां री खुसी रौ कोई ठिकाणौ नीं रैवै। घड़ी घड़ी मां सुणण सारू उण रा कान तरस जावै। अेक टाबर री पैली पाठसाला अेक मां इज हौवै। मां आपांनै आखै जुग रौ सनेव देय नै संस्कार सिखावै। मां भलां ई किती अबखाई या दरद में क्यूं नीं होवै उण रै नैणां में कितौ ई नीर क्यूं नी भरियौड़ौ होवै पण हर दरद आंसू टाबर सूं लुकाय लैवै ठाह नीं पड़ण देवै कै वा दुखी है। मां आपरै टाबरां रै दुख दरद नै झट पिछाण लेवै जद तांई टाबर रौ पेट नीं भर देवै मां खुद कीं नीं खावै।

मां खुद आलै में सोय दुख देख नै ई आपरै टाबर नै सूखै में सुख री नींद सुवाणै। कैयी जागा लाईट पंखा नीं हौवै तौ मां आखौ दिन रात पंखी सूं हवा कर माछर अर गरमी सूं टाबर नै बचावै। मां आपरै टाबर सारू घणा ओझका भुगतै।

मां री ममता तौ जितरौ बखांण करां उतरौ इज कम पड़ जावै। मां नीं हुवती तौ आपणौ कोई वजूद इज नीं हुवतौ। मां इज होवै जकौ बाबोसा री डांट-डपट सूं बचावै आडी फिरनै। घर खरचा सूं बच्यौड़ै पईसां सूं टाबरां री फरमाईसां पूरी करै। आपरा सगळा सोक मौज इंछावां मार दैवै औलाद री खुसी रै माथै।

आखौ दिन घर गिरस्थी रै काम काज रै पछै ई टाबरां नै पढावणौ, उणां रा कपड़ा धोवणा, उस्तरी करणा, इस्कूल रै वगत सुबै बैगी उठनै टिफिन बणावणौ, स्कूल छोडण सारूं जावणौ, उण वगत ई मां रौ जीव रैवै कोनी तौ बस्तौ खुद उठाय नै लै जावै पण आपरै टाबर नै दोरौ नी होवण देवै।

मां तौ मां इज हौवै मां कैवतां मूंडौ भरीजै। मां री होड़ कोई दूजौ

कदैई नीं कर सकै। जद मां चूल्है माथै रोटी बणावै तौ रोटी सेकण सारू किती बार उण नै बळती लाय में हाथ घाल रोटी सेकणी पड़ै पण जद वा रोटी खाय नै टाबर रौ पेट भरीज जावै तौ मां रै जीव नै घणौ संतोस मिळै।

मां आपरौ मां होवण रौ रिस्तौ तौ बखूबी तौ निभावै इज है पण अेक साथण होवण रौ ई फरज लूंठौ निभाय नै पग पग माथै टाबरां रौ मारग दरसण करै।

अेक गरीब मां आपरै टाबरां रै पालण पोखण सारूं घर घर नौकराणी रौ काम ई कर लेवै। लोगां रा अेंठवाड़ा ठांवड़ा मांजण रौ काम, फूस बुवारौ अर कपड़ा धौयनै ई टाबरां नै पढाय लिखाय देवै। फगत अेक आस राखै मां आपरी औलाद सूं कै मोटौ हुयनै कालै बुढापा रौ सहारौ बणैला। कैयी जागा मां दोरी होयनै कपड़ा सींव नै घर अर टाबरां रौ गुजर बसर करै। पण आपरौ दरद कदैई टाबरां नै नीं बतावै। मां तौ त्याग री मूरती हुवै सगळौ कीं सहन कर टाबर नै पढा लिखा नै काबिल बणाय देवै। पण वै इज टाबर मोटा होय नै उण मां कनै सूं बंटवारौ मांगै अर दोस्तां रै सांम्ही उणीज मां नै घर री नौकरांणी कैय बंतळावै उण वगत उण मां रै काळजै माथै सबदां रा बाण दोरा घणा लागै पण तौ ई मां आपरी औलाद री खुसी खातिर दरद रा घूंट हसती थकी पी जावै।

कैयी टाबर बूढी मां री सेवा नीं कर नै वरधाश्रम में छोड़ आवै पण मां रै मूंडै सूं कदैई आपरै टाबर सारू दुरासीस नीं निकळै। मां सदैव आसीस इज देवै। कैवत ई है नीं अेक बेटौ आपरी फूठरी लुगाई री जिद पूरी करण रै खातर आपरी मां नै मार नै काळजौ काढ लै जावतौ हौ अर भाटै सूं ठोकर खाय नीचै पड़ग्यौ तौ मां रै उण काळजै मांयनै सूं आवाज आई बेटा थारै लागी तो कोनी...अेड़ी हौवै है 'मां'।

❑ ❑ ❑

✍ तरुण कुमार दाधीच

सोना री बींटी

महेश जी म्हारा पाड़ौसी हा। बी अे री परीक्षा पास करवा पछै निरा सपना उणरी आंख्यां मांय हा। इण सारू महेश जी खुद रा जीवन मांय घणा उतार-चढ़ाव देख्या। डिप्टी कलेक्टर अर तहसीलदार री परीक्षा दीनी पण नंबर चोखा नी आया। महेश जी परीक्षा रा फारम भरवा अर परीक्षा देवण मांय कांई कमी नी छोड़ी।

म्हैं अेक दन महेश जी ने राय दी, 'बी अेड री परीक्षा दे'र मास्टर परा वणो।' आ बात महेश जी रे गळे नी उतरी। टेम बीततो जा रियो हो अर महेश जी आगले बरस ऑवरअेज होवण वाळा हा। अेक दन महेश जी म्हारा कन्नै आ'र बोल्या, 'वकील साहब अबे बी अेड परी करूं।'

'इण सूं आछी बात और कांई हो सके? अेक दाण मास्टर बणनो ईज ठीक है, आगे री आगे दिखी जाई।' वकील साहब घणा राजी हो'र कैयो।

दो चार दन पछै महेश जी फारम भरियो अर मेरिट सूं उणारो सलेक्शन हो गियो। फीस जमा कराणी ही पण महेश जी रा बाबूजी कन्नै फीस रा रिपिया नी हा। घरवाळा कांई करता! महेश जी री मां शकुंतला जी सासूजी री दियोड़ी बींटी पेटी मांय सूं निकाळ अर महेश जी ने दे'र कैयो-'इण सूं फीस भर। ठाकुर जी सब ठीक करसी।'

फीस जमा व्हैगी। महेश जी बी अेड कर लिदी अर चार महीना मांय मास्टर बणग्या। मास्टर बण्या केड़े बी व्हे परीक्षा देता रिया अर आगै बढ़ता रिया। अर यूं देखता ही देखता अेक दन प्रिंसिपल री पोस्ट माथै

पूगग्या। आज महेश जी साठ रा होयग्या अर आज महेश जी रिटायर्ड हो'र आपणै घरै आवा रो दन आयग्यो। म्हें इण बात सूं घणो राजी हो के महेश जी म्हारी बात मानी अर आपरी जिनगी आछी बणाय लिदी।

आज जूण म्हीना री तीस तारीख रे दन स्कूल मांय महेश जी रे रिटायरमेंट रो फंक्शन चाल रियो हो। महेश जी म्हने भी फंक्शन मांय बुलायौ। जीण माय म्हु बी घणा हरख मान सूं ग्यो। स्कूल वाळा महेश जी रो घणेमान सूं मान सम्मान करियो। पछै सगळा स्टाफ वाळा महेश जी ने घरे छोड़वा आया। घरे पूगतां ही म्हैं देख्यो के महेश जी रा घरवाळा राजी हो'र माड़साब रो स्वागत कर रिया हा।

सगळां सूं पैली महेश जी मां शकुंतला जी ने धोक दीवी अर पछै पिताजी उमाशंकर जी रो आसीरवाद लियो। इण मौका माथै महेश जी री मां शकुंतला जी इक्कीस सौ रिपिया लियां हथेळी महेश जी रे सामै करी।

'अब इणरी कांई जरूत है मां!' महेश जी कैयो।

'शगुन रा है लाड़ेसर। म्हारो आसीस जान अर राख ले।' दोय मां बेटा रो परेम देख'र म्हारी आंख्यां मांय आसूं आयग्या।

'नी मां म्हूं इतरा रिपिया कोनी लेय सकूं! जे थे दैणा चावो तो म्हने बस सौ रिपिया देय देवो। सौ रिपिया रो शगुन म्हारे तांई मोखळो है।' महेश जी कैयो।

'सौ रिपिया ही क्यूं?' शकुंतला जी पूछ्यो।

'मां आपनै आछी तरहां सूं ठा है फेर भी थे म्हने पूछ रिया हो?' महेश जी कैयो।

'म्हैं समझी कोनी बेटा! म्हे अब्बे बूढी होयगी। याद कोय रैवे थू पाछो बता देई तो इ ण माय कांई हरजो हो जाई?' शकुंतला जी कैयो।

'मां म्हारे बीअेड रा अेडमिशन तांई बाऊजी कन्नै रिपिया नी हा, इण सारू आप आपरी बींटी म्हने देय अर कैयो के फीस जमा करा दे।'

महेश जी राजी हो'र कैयो।

'अच्छा तो आ बात है! उण टेम म्हारो ओ फरज हो के म्हे थारी फीस रा रिपिया देऊं। उण सोना री बींटी सूं थारी जिनगी बणगी। अर अेक मां ने इण सूं वत्तो काय कोई चईजे। अर थू ई वत्ता के बींटी बत्थी के म्हारा लाड़ला रो भविष्य!' यूं केवता थका मां री आंख्यां सूं गंगा जमना वेवा लगी।

'सोना री बींटी सूं म्हारी बीअेड होयगी। म्हें मास्टर री नौकरी करी। टाबर टाबरिया ने घणा बरसां तांई भणाया। गाम रा मिनखां म्हारो घणो आदर भाव किदो घणीई इज्जत दीदी। आज मां थारा आसीरवाद सूं म्हें राजी खुशी नौकरी कर'र घरे आयो हूं। इणसूं बत्ती बात म्हारे तांई कांई होय सकै!' महेश जी कैयो।

'सब ठाकुर जी री मेहरबानी है लाला।' शकुंतला जी कैयो।

'ले मां आज म्हें थारै वास्ते सोना री बींटी बणवा'र लायो हूं। ओ म्हें उधार नी चुका रियो हूं। म्हारा हिवड़ा रा परेम सूं थानै देय तिरयो हूं।' महेश जी कैयो।

मां बींटी ले'र आंगळी मांय पैर लीदी। शगुन रा सौ रिपिया हाथ में लिया थका महेश जी माड़साब इण तरया सूं राजी होय रिया हा जाणै कुबेर जी रो सगळो खजाणो उण ने इज मिलग्यो व्है।

❑ ❑ ❑

✍ अर्जुनदान चारण

मां

बात उणां दिनां री है जद म्हूं पांच छः बरस रो हो। म्हारा जी सा आपरै अफसर रै साथै गांव पधारिया। अफसर अर साथळा नै कोटड़ी में बैठा'र घर में चाय रो केवण नै आया। उण बगत चाय मोटी मनवार गिणीजती। म्हैं ई जी सा रै साथै कोटड़ी में जावण सारू वहीर हुवौ। जी सा म्हारै छोटोड़ै भाई नै साथै लेग्या अर म्हनै घरै इज रेवण रो कैय दियो। म्हैं बोलोचालौ मां कनै आय'र ऊभौ रियो। मूंडौ उतरियोड़ौ देख मां पूछियौ कांई हुऔ?

कांई कोनी जी सा छोटू ने तो कोटड़ी में साथै ले गिया अर म्हनै कयौ कै घर में इज रेजै। म्हनै क्यूं कोनी ले गिया? इतरा में म्हारा काकीसा बौल्या के छोटू फूटरौ है अर थै कोजा इण सारू थाने कोनी लैग्या। म्है मां नै पूछियौ कै म्हूं कोजौ क्यूं हूं? मां बोली म्हारो बेटौ घणौ ई फूटरौ है आगली वार थनै भेज देस्यूं। पण म्हैं जिद करी कै थै बतावौ कनी।

मां म्हारो मन राखण सारू कैय दियौ के आंपारै घरै जिका सामियां रै माताजी रोटी लेवण आवै वे थारै आडा उतरियोड़ा है इण वास्ते थूं कोजौ दिखै। सोमियौ रा माताजी म्हनै खारा जैर लागा। दीनूंगै माताजी रोटी लेवण आया अर मां सूं बात करण लागा कै म्हैं तो गैडी री जरकाय दी। माताजी कूकिया अर बौल्या ठालाभूला क्यूं मेली? म्हूं इज मिलियौ थांनै आडौ उतरण सारू।

माताजी बात समझता उण सूं पैली मां धरामूळ पूरी बात बताय दी। माताजी अर मां दोनू हसण लागगा। म्हारै समझ में कीं नीं आयौ।

❑ ❑ ❑

✍ मंजु शर्मा जांगिड 'मनी'

मां री छिब

मां तो मां ही होवै है। मां जैड़ौ दूजौ जग मायं कोई नहीं व्हेय सकै। मां हरदम आपरै नैना टाबरां रै औळू दौळू ही रैवै। वा हरदम टाबरां नै आपरी निजरा मायं राखै। टाबर ही उणरौ संसार हुवै। जीवण री हर खुशी वां पर लुटावणी चावै। खुद रौ पूरा जीवण आपरै टाबरां रै नाम कर देवै। औ त्याग बस मां ही कर सकै। चायै टाबर नैना हुवै या बूढा, मां रै वास्तै वे टाबर ही रैवै अर उणारै लाड प्यार में कदै कमी नीं आवै आ इज मां व्है। साचौ हेत मां इज करै।

मां नै म्हैं खुद री औलाद सारूं जीवती देखी हूं। म्हैं जद नैनी ही जदै म्हैं देखती चायै खावण-पीवण री बात हो या ओढण पैरण री या कठै आवण-जावण री मां नै हरमेश इच्छावां मन मांय दबा खुद रा टाबर नै आगै करती देखी। जद मन मांय आवतौ मां इयूं क्यूं करै अर कीकर करै। कदै तो मां रैय मन मांय आवती व्हैला।

पण म्हनै वां सगळा सवालां रौ जवाब मिळ्यौ जदै म्हैं मां बणी। म्हारी निजरां मांय मां री छबि घड़ी-घड़ी सामी आवती जद म्हैं सोचती मां अै सब कीकर करै अर क्यूं करै। म्हनै कीं ठा नीं पड़ी कै म्हैं भी मां जैड़ी कदै बणगी अर कीकर बणगी। कदै इण मां रूपी सांचा मांय ढळगी ठा कोनी पड़ी। औ सब म्हारी मायड़ रै कारणै हीज हुयौ।

म्हारी मां नै देखनै इज म्हैं भी म्हारै टाबरां री चोखी सार संभाळ कर सकी। मायड़ री चोखी सीख अर परवरिश रै मुजब ही म्हैं भी म्हारा टाबर और घर नै संभाळ सकी।

म्हारै जीवण मांय म्हारी मां री छबि रौ घणौ ही परभाव देखण मिळै। मां रा दियोड़ा संस्कार आज म्हारै घर मांय हूबहू देखण मिळै

म्हैं म्हारै घर संयुक्त पिरवार मांय मोटी होयी हूं। जिणसूं म्हनै सगळां रौ लाड़ प्यार मिळ्यौ। म्हैं म्हारै घर मांय म्हारी मां नै दिनुगै बेगी उठनै काम करतां देखी हूं। अर सगळा रै मान सम्मान राखता देखी हूं।

म्हारै घर मांय म्हारै दादा-दादी रौ हुकुम चालतौ विनै कोई नीं टाळ सकतौ टाबर री तौ बात छोड़ो म्हारा मां बाप तांई वांरौ आदेश सिर माथै राखता। वांरी कैयौड़ी बात लोहै री लकीर होती। म्हारी मां सदा ही वां रै कैया रौ मान राखियौ।

म्हारा दादा-दादी म्हारै सगळा भाई-बहनां रौ घणौ लाड़ राखता। तो म्हारी दादी भी म्हारी मां नै घणी ही चावती। मां अर दादी मांय घणौ हेत हो अठै तक कै दोनूं अेक दूजा बिना रोटी नीं खाती। अर म्हारी मां तो पग-पग पर म्हारी दादी सूं आज्ञा लेती अठै तक कै रोज रौ साग भी दादी सूं पूछने बणावती। खेलता-खेलता कदै जद आ बात कानां मांय पड़ती तो म्हैं म्हारी मां नै कैती कांई दादी सूं पूछौ हो अतरी सब्जियां है कुणसी बणाय दो अर म्हारी पसंद री चार पांच सब्जिया रा नाम बताय देती।

पण आज म्हनै वे बातां याद करनै घणीज हंसी आवै जदै सुबह शाम सब्जी बणावण को टैम व्है। सब्जी कै बणावणी ओ तै करणौ कितौ मुश्किल है औ आज समझ में आवै। हर रोज सुबह शाम मां री बातां याद आवै।

आ मा इज है जो जीवन री हर घड़ी मांय साथ निभावै। म्हारी मां री तो म्हैं रज री भी होड़ नीं कर सकूं। वा कितौ बड़ै परिवार नै लेय सागै चालती। सगळां रौ हुकुम उठावणौ आव-आदर करणौ सगळां नै राजी राखणौ कितौ दोरौ है आज म्हनै म्हारौ परिवार चलातां भलीभांत मैहसूस हुवै।

मायड़ री घणी ही लाडली म्हैं घणौ लाड लडायो

मां रै वास्तै यूं तो दुनिया रो शब्दकोश छोटा पड़ जावै

म्हैं मायड़ रौ ओ उपकार जीवण भर नी भूलूं। हिवड़ै रैय अतल गहराइयां सूं आभार मानूं कै म्हनै म्हारी मां आपरी कोख सूं जलम दियो इण बात रौ म्हनै घणौ गरब अर गुमान है।

घणा चोखा संस्कारां रौ खजानौ दियौ जिणनै म्हैं नित नित म्हारै टाबर अर घरां मांय लुटाती रैवूं। मां रौ औ करज कदै नीं उतार सकां। जीवण भर करजदार रैवां।

❑ ❑ ❑

✍ विमला महरिया 'मौज'

म्हारी मरदानी मा!

मा! कैयां मूंडौ भरै!
मा! करै सो कुण करै!!
मा! जिसड़ो मीठो नहीं, सबद दूसरो कोय।
इमरत पूरै अेकली, जगत मावड़ी होय।।
आखै जीवण बैंवती, माय पुरावै लाड़।
बाळकियां न पौखती, करै काळ की फाड़।।

मा की मैमावां तो अपरम्पार हुवै! मां तो ई धरती को भगवान हुवै! इण जगत मांय बाप बिना काम चाल सकै पण मां क बिना अेक पल बी काटणौ ओखौ होय जावै। म्हारी मां जिस्यी मरदानी लुगाई म्हैं कोई दूजी नई देखी! सगळां नै आप आपकी मांयां चौखी लागै पण म्हारी मावड़ी आखै गांव मांय अेकली हुवै! मां सूं जुड़ियोड़ा घणा संस्मरण म्हारै हिवड़ै हरख भरै पण कई प्रसंग इस्या बी है जिका म्हारी आंख्यां में आंसूड़ा का धारा बैवाय देवै। मोटी-ताजी अर लांबी-चौड़ी म्हारी मां को रंग केसर जिस्यो सांतरौ हुया करतो। आपकै जमानै की सोवणी लुगायां में पैलड़ै नंबर पर म्हारी मां को नावं गिणीजतौ अर आज बी गिणीजै। गांव का बूढा-बडेरा आज बी मां को उदाहरण देवंता रहवे क बरजी जिस्यी मरदानी लुगाई ईण गांव में कोई दूजी नईं हुई। बडेरा सांची केवै है आ बात म्हैं टाबरपणैं सूं ई देखता आया हां क म्हारी मां सदा ई दूजां की पीड़ बंटावती री है। जी मिनख के दुख आयौ, बो ई म्हारी मां कनै आयो अर मां बींनै आपकी आस भरी बातां सूं, तरक-वितर्कां सूं सरजीवण दान देती क आगलै की हूंस सौगुणी बध ज्यांती। अणगिणती का चौखा काम

म्हारी मां जीवाजूणी के हित साधण में करिया है।

म्हांनै अेक बार की बात याद आवै क चौमासै को बगत हो। गांव का लगैबगै सगळा लोग-लुगाई खेतां में जाता अर ढांडा-सांसरां तांणीं घास अर दूजौ हरयौ चारो भरौट्यां बांध-बांध कर माथै ऊपर धर-धर के ल्यांवंता। औरां की जियां म्हारी मां बी दीनूग्यां का सगळा काम-धाम निपटाय'र खेत में चली जाती। बठै सींव-सींवाणैं खड़ी चौमासै की खरपतवार नै ऊपाड़ती भरौटी बांधती अर आप ई माथै धर लेती अर अेकली पांच छः गाय-भैंस्यां को पेट भरती। म्हारी फूटरी केसरबरणी मां के जवानी का दिन हा बै! मां के आवणै की सौरम जिनावरां कनै पैली ई पूग ज्यांती। मां जद भरौटी लियां खेड़ां कनैं आवंती तो गाय-भैंस अल्डाबा लाग ज्यांती क धीराणी आबाळी है भाई, अर हरयौ-हरयौ घास खावण न मिलसी। गाय-भैंस की लाळ पड़बा लाग ज्यांती। अेक दिन मां सुंआरै इग्यारह बज्यां सी क भरौटी लेयकी आयी तो गांव में भागा-दौड़ी सी माच री ही। दीतवार को दिन हो! पोषाळां जाबाळा टाबर बी गांव में ई बमंडी मारता फिरै हा। मां नै किणी अणहोणी को सो आभास हुयौ, थोड़ी वेगी पावंडा भरिया। खातावळ करती बाड़ै में भरौटी धैं देणी पटकी अर बठीनै भागी जठीनै और लोग भाग्या जा रह्या हा। चौरावै मांयंकी बडोड़ै गुवाड़ में पीपळ गट्टे कनै की गेलड़ी गळी में लोगां को दड़बड़ाट उठै हो। मां घाघरौ गोडां ताणी ऊंचौ ले'र भागी! भागती-भागती मनड़ै में बिचारै क हे रामजीड़ा आज कुणसी आफत आयगी जको समूळौ गांव भाग छूट्यौ! सै न निरोगा राखजै सांवरा! भागती-दौड़ती लोगां नै पूछै, 'भाया के हुयौ रै! बाई के हुयौ ये!' पण कोई उत्तर दियां बिन्यां ई सै भाग्या जांय! म्हारी मां को काळजौ बैठै लागौ पण फलांगांई भागी। ठीडै पहुंची बठै ताणी सांसां फूलगी,पसीनौ आयगौ। आखती तो पैली ई होयेड़ी ही भरोटै सूं। आगै कांई देखै है क फूलाळै घरां दीवळ की जियां गांव का लोग-बाग नावड़ैं कोनी! अेक जणी मां नै कैयौ, देख बरजी!

बनारसी जै'र खायगी! फाखाळी दुआई खायगी! कोई कैयौ ऊंदरा मारबाळी टीक्की खायगी! जै'र खायकी कोठै में बड़'र किंवाड़ ढक लिया! छोरा रोवै है बरजी के करां! मरगी दीखी मांयनै ई! कोई कैवै, 'बाई ओ फूलौ दिनूग्यां ई दारू पी लीन्ही! काम करै कोनी, छाती पर मूंग दळै! बापड़ी न खायगौ टापरै को दीवाळौ!'

च्यार बेट्यां अर अेक बेटै की मां जै'र सोरै सांस तो कोनी खावै! मां सोच्यौ, जरूर कोई बडी बात हुई है। दिनूगै इग्यारह बज्यां ई घर गिरस्थी को कुणसो घ्यार हुयो होगौ! पण अत्ती बातां सोचबा को टेम कोनी, के बेरौ जींवती हुवै! मां सोच्यौ अर फटकारै ई किंवाड़ां के धक्कौ दियो पण किंवाड़ जड़ाऊ हा हाल्या ई कोनी! मां दो-तीन गाबरू छोरां न बोली, बापकणौ खड़्या-खड़्या तमासौ देखो, मेरे थोड़ो सा'रो देवौ जको देखां कांई हुयो! बापड़ी की टाबरी रुळ ज्यासी! वैसा आओ भायां, डरपो मतना!

और तो कोई बी सांकड़ौ कोनी आयौ पण गिठाळां के रत्तू बाबाळौ राजू नेड़ै आयो अर मां को साथ दियो! दोनूं जणा किंवाड़ आडा पटक दिया अर भाजती बनारसी कनै पूग्या। बीं कै मूंडै सूं झाग निकळबा लाग रह्या हा। सगळा परै हटगा, सोच्यो मरगी पण मां हाथ घाल'र बैठी करी। बींकी नाड़ी चालती मैसूस हुई अर मां दहाड़ी, 'अरै छोरो भागौ, बनारसी जीवै है! बेगा चालो लिछमणगढ ले चालां!'

कोई माई को लाल नेड़ै कोनी आवै! बींका टाबर रोवाकूकौ मचा दियो, बारघोड़ै में अेक बार तो मां बी डरगी पण समूळी हूंस भेळी करी अर बींनै अधर उठा लीन्हीं, आपकी समूळी सगती लगा'र कोई आध ी-अेक कोस दूर सड़कां कानी भागी! अेक-दोय बरियां आखड़ी पण हिम्मतहार कोनी हुई। दौरी-सौरी सड़कां पर पूगग्यी। बनारसी ने अेकानी सुवाण'र लिछमणगढ जाबाळी मोटर-गाड्यां क आडै हाथां का झाला देवै पण माई को लाल कोई बी मोटर थाम्यी कोनी! अेकर ओज्यूं बनारसी ने

गोदी में उठाई अर सड़कां के बीचांबीच ठडाई सूं खड़ी होग्यी। अबकै दोनूं कानी जाबाळी मोटर-गाड्यां आमी-स्यामी डटगी। मां बनारसी के बोझ अर बींकै मरणै की चिन्त्या सूं दौलड़ी होग्यी पण हार कोनी मानी। जोर-जोर सूं रोळौ मचा दियो, 'अरै मरज्याणौ ईंका टाबर छ्यौटा-छ्यौटा अर अनाथ हो ज्यास्यी! थांरो भगवान भलो करस्यी म्हारी मदद करो! म्हानै रुघनाथ हसपताळ पूंछा देवौ!' मुकनगढ जांती अेक बस, मां के भाई मगजी सरपंच की ही। बीं बस में कन्डेक्टर राजू भाईजी हा। बै भाजके आया, पूछपौ भुआ के हुयो! मां बांनै तुरत-फुरत सगळी बात बताई जणा बै आपकी सवारियां न नीचौ उतार दीन्हीं! मिनखाजूणी भोत सतकरमी न मिलै अर कई किरोड़ जलमा क पछैं, घणै सुभागी जीव ने मिनख जलम मिलै! आ बात कैंवती मां अब थकावट मैसूस करण लागी। राजू भाईजी बनारसी ने आप उठाल्यी,अत्यार नै ई कोई भलो मिनख जीप लगा दी कनै, बोल्यौ 'भाई बस सवारी पाछी बैठो! मैं ले ज्यास्यूं ई लुगाई ने। मरगी तो मरगी अश्र जींवती रैग्यी तो आपका टाबर पाळस्यी अर धरती का धन भाव देखस्यी।'

दसेक मिनट मांय जीप रघुनाथ अस्पताल पूंछग्यी। अस्पताल का डाक्टर साहब उपाध्याय जी हाथोंहाथ स्ट्रेचर मंगायौ अर आखरी सांसां लेंवती बनारसी ने सम्हाळी। नबज टंटौळी अर कीणी बिधियां सूं सगळौ जै'र बारै काड्यौ। उल्ट्यां करवायी अर पेट में आंतां की सफाई कर दीन्हीं। बनारसी की डूबेड़ी जीवण जेवड़ी तिरबा लागग्यी। म्हारी मां ने ईं आखै खेचळ में दिन आथणगौ पण अेक घर में ऊजाळौ थरू रैयगौ।

❑ ❑ ❑

✍ तरनीजा मोहन राठौड़ 'तंवराणी'

सिवरात - मायड़ री काळरात्रि

गांव में कोई ब्याव हौ अर पापा रै कोई बुकिंग आयगी जणा पापा बीच ब्याव में ही जोधपुर रवाना हुयगा अर लारै मां रौ जीव खराब होवण लागग्यौ, कैवै नीं कै कीं होवण वाळौ व्है जणा जीव नै पैली ठा पड़ै जणा उण घड़ी ही म्हां टाबरां नै लेय'र जोधपुर कानी रवाना होयगा अधबिचै ब्याव रै ही।

आ भयानक काळी ठंडै री रात में ब्याव री बरी पैरियोड़ी बीनणी पहाड़गंज री सड़कां माथै दो टाबरां री आंगळी पकड़योड़ी अर अेक खोळै में अंगूठो चूसतौ टाकर लियां हर अेक दुकान माथै फोन करण खपै पण हर कोई अेकली लुगाई नै देखतां ही मना कर देवतौ। हार खप्प नै घरां आया अर जियां तियां रात काढी अर सोचियौ कै सुबै ताणी पापा आ जाई पण तौ ई कोई खबर कोनी आई जणा सुबै पाछा अेसटीडी जायनै फोन करणौ चायौ पण किनै लागौ कोनी जणा घरा आयगा।

घरां आया तो देखै कै गांव रा लोग भेळा हुयोड़ा है अर कैवै कै अरे! बीनणी रै चूड़ियां तोड़णै री तयारी करो रे.... बस हमै आवेही है। सुणतां ही मां रै हाथ पग ठंडा पड़ गया अर म्हां टाबरां नै काळजै सूं लगाय लिया पण जित्तै बडा पापा आय नै म्हानै सगळां नै आपरै घरां ले गया अर बठै जाय'र ठा पड़ियौ कै अखबार में अेक फोटू आई है लावारिस री पहचाणा खातर पापा री फोटू आयोड़ी ही पूरी पट्टियां बंधियोड़ी ही मूंडा माथै अर नाव लिखियोड़ौ हौ पापा रौ नीचै अर जगै बतायोड़ी ही।

हुयौ यूं के उण रात पापा रै गाडी में आतंकवादी बैठ गया हा जका पापा कन्नै सूं गाडी अर नकदी सब लेय'र गया परा अर पापा नै तीन

गोळियां मार दी पण मां री चूड़ियां री ताकत ही जकौ पापा नै बचा लिया अर ले जोगमाया रौ नांव पापा मदद खातर दौड़िया सड़क कानी अर कोई भलौ मिनख टोळै आळौ अस्पताल लेग्यौ अर पछै पापा सही सलामत घरां आया। मोटी बात आ कै इण पूरै हादसै रै मांयनै कदै भी मां नै रोवता या उदास होवता नीं देखिया जद भी देखती चेहरा माथै अेक देवी जैड़ौ तेज देखती अर हिम्मत सूं हर तकलीफ रौ सामनौ करतां देखती।

वा म्हारै बाळपणै रै जीवण री पैली अेक घटना ही जिकौ म्हारै हिरदै बस गई उणरै पछै भी केई अैड़ी अर इणसूं मोटा हादसा होया पण मां नै दुख सूं टूटता कोनी देखी अर हमेसा हिम्मत अर होसला सूं भरियोड़ी देखी।

म्हारी मायड़ म्हारी सबसूं बड़ी हिम्मत है अर उणनै देखनै म्हनै जीवण जीणै री प्रेरणा मिळै कै चायै कित्ती भी मुसकिल आ ज्यावै, हरमेस खुश रेवणौ अर हिम्मत नई हारणौ।

बा रात सिव री रात ही जणा म्हारी मां रै सिव नै कांई कोनी होवण दियौ अर मां रै चूड़ियां री लाज राखी।

हर दुख मायड़ सहिया, बिण सगळा सूल।
म्हाणै वास्ते तूं बिखराया हमेसा ही फूल।।
मायड़ है सरिता नेह री, तियाग समरपण नांव।
बणे सगळा काम सदा, धरां तद शीश मायड़ रै पांव।।

❑ ❑ ❑

✍ डॉ. अंजु

मौत नै दी पछाड़ : म्हारा मम्मा

बखत नै कोई रो ई रुक्यौ अर नीं ही रुकेला। पण इणरै सागै चालती जीवण–जातरा मांय कई घटनावां भुलायां नीं भुलीजै। आपरा अमिट निसाण हिया पर छोड जावै। जद भी अेकला बैठा उमड़–घुमड़ 'र होळै–होळै आपरी दस्तक देय 'र बेराजी मनड़ा नै सुवांत तौ देवई है मीठी थपकी दे 'र उनमणा मन नै सुवाण 'र आसा रा उजास री नूवीं कूंपळा खिला देवै।

बालपणां ऊं ही अबखायां ऊं भर्‌योड़ा जीवण में छतर बण 'र तण्योड़ा मम्मा मां–पिता री दोलड़ी जिम्मेदारियां आच्छयान निभाई। ढाई बरस री उमर में म्हैं अेक दुरघटना मांय पापा नै खोय दिया। बाईस बरस री सुपणा भरी उमर में मम्मा रै माथै विधना री मार पड़ी, पण न बे कदेई ठाकुरजी नै अबखायां रौ रोज रोयौ अर न ही कदेई पी 'र–सासराळां रै आगै आपरी बिथा केई। सब नै ठाकुरजी री मरजी मान सिर माथै धार्‌या।

बखत तौ आपरी चाल में कदेई उतावळो तो कदेई मदरो चालतो रियो। म्हैं दोन्यूं भैण–भाई बारहवीं अर दसवीं किलास में पूगग्या। नाम ऊं डराबाळी बोर्ड री परीक्षा नै नेड़ी आवती देख, ऊक–चूक हो रिया, पण मम्मा रा अनुसासन में बंध्योड़ा टैम ऊं टैम पढाई करता। मम्मा खाबा–पीबा, पेरबा को तो लाड करता पण पढाई कै सागै किणी भांत रौ समझौतो नीं करता। रात रा नेम ऊं दस बज्यां सुवाण देता अर सुबै च्यार बज्यां पढबा उठणौ है तौ उठणौ ही है। बिस्तर समेट 'र अेकानी रख दिरावता अर म्हाके सागै खुद भी कुर्सी लेण पढबा बैठ जाता।

जिनगाणी की गाडी गेलै-गेलै चालै है के बीच में हेड क्रेकर जिस्यो बगत रा फेर रौ स्पीड ब्रेकर गाडी नै उटरी ऊं उतार दी अर म्हानै डाफाचूक कर दिया। कीं समझ में नीं आयो। लारला दो-तीन बरसा ऊं मम्मा री तबियत मोळी ही चाल री ही, पण बे म्हां दोन्यूं भैण-भाई तांई हिम्मत नी हारिया। छोटी-मोटी दवायां लेता रिया, 'अेकर टाबरां री बोर्ड री परीक्षा हो जावै, फेर लैडी डाकटरनी नै दिखाऊं।' परेसानी बढती ही गी। केसरिया गरक रंग काळौ सूम पड़ग्यो अर वजन भी कम होग्यो। पार नी पड़ी जद आखिरकार अजमेर डाकटरनी मिसरा मैडम नै दिखाया। तुरंत भरती कर लिया अर खून, पेसाब, सोनोग्राफी राम जाणै दुनिया भर की जांचां हुई। खून री सरीर में बेजा कमी होगी। डाकटर सोनोग्राफी मांय बच्चादानी मन री मोटी गांठ देख'र कैंसर रौ बेम कर लियौ। स्थिति भी ईयान की ही लाग री ही। डाकटर परिचित तो हा ही वणानै या भी निंगै ही कि आंरा टाबरिया छोटा ही है। म्हारा पापा री काची उमर में ही गोलोकवास की भी निगे ही। कतरा संघरसांऊं वे म्हानै पाल अर पढा रिया कोई ऊं छोनौ कोनी हो।

सुबै री बख्त जद मिसरा मैडम राउंड पर आया जदी मम्मा नै बोलिया, 'उमराव जी आपरै खून री घणी कमी है। आज म्हैं आपनै डिस्चार्ज कर री हूं। दस-पंद्रै दिन घर जायनै बढिया खा-पी नै आच्छा होयनै आवो। जदी आपरौ आपरेसन करां। बच्चदानी में गांठ है निकाळण पड़सी।'

भोले पेटा का म्हारा मम्मा मन में बेम नीं करियो। मिसरा मैडम अर झंवर अंकल तो घर रा सदस्य जेड़ा ही हा। अस्पताल ऊं डिस्चार्ज होयनै सिंझ्या पड्यां म्हारै नांदेर मासीसा अर छोटा मासोसा रै लेर आग्या। आंख्यां कै च्यारूंमेर काळा घेरा पड़ग्या, आवाज मंदरी पड़गी अर चेहरा री रौनक जावती री।

म्हैं दिन ऊग्यां पैली उठनै घर को छोटो-मोटो काम कर स्कूल बेई बेगा-बेगा दो फुलका सेंक अचार टिप्पन मेल'र आठ बजे री बस पकड़ लेती। मज दिसंबर रा महीना में सीत लैर री फूफाड़ चालती। बस का

आधा कांच हा ही कोनी। पतली सी स्कूल ड्रेस री जरसी पेन्या धूजणी छूट जाती। फेर भी म्हैं बस में पढती जाती अर सूरज को चिनाणो रेतो जद तक पढती ही आवती। बस में चढबा अर उतरबाळी सवारियां अर जोर-जोर सूं बाजता टेप ऊं म्हारी पढाई में कीं फरक नीं पड़तो। अेक घंटा का सफर कर परबतसर पूगती। ईस्कूल को टैम साढे दस को हौ अर बस नौ बजै ही पूगा देती। बस स्टेंड ऊं डेढ-दो किलोमीटर पैदल चाल'र किराया का घर में जा'र बुवारो काढती माताजी के दियो-बत्ती करती। रोज भगवती नै हाथ जोड़'र अरदास करती, 'हे! मावड़ी, म्हारा मम्मा नै बेगा ठीक कर दे। म्हा दोन्यूं बैण-भायां को वे ही आखिरी आसरौ है।' आंख्यां ऊं ढळकता आंसूवां नै पूंछ-पाछ आध घड़ी आपकी पढाई कर'र ईस्कूल भागती। आठवां पीरियड कै बीच में क्लास छोड'र पाछा जाबा की बस पकड़ती। रोज किलास में सर ऊं ओळमो सुणती, 'बिना पूछ्यां चुपचाप उठ'र चली जाया करै। सारी किलास नै डिस्टर्ब मत किया कर।' पण संस्कारां में बंध्योड़ो मन कैणो नीं मानतो।

अेक दिस सिंझ्या पड्यां बस अधगैला में खराब होगी। घर सब घराळा की चिंता कर-कर हालत खराब। उण बखत मोबाइल छोड'र गांव में लैंडलाइन फोन भी कोन हा, ज्यो फोन कर'र समाचार दो देद्या। रात पड्या घर पूगी जद घराळां के सांस में सांस आई।

दूजी कानी मम्मा की हालत में कोई सुधार कोन होरियो हो। नानोसा चिंता में घुळता माचो झेल लियो। ईयां लागतो जाणै सब अेक दूजा ऊं बचबो चावै। खूब हरी साग पालकौ, चीलवो, देसी गाजर, दूध-छाछ चिन्यो-चिन्यो जीमता तो सब ही पण राम जाणे कठै जातो।

मम्मा घणा हिम्मती अर मजबूत मन रा है। ब्याव का फगत साढे च्यार बरस पछै ई अेक हादसा में पापा नै खो देबा के कारणै ढाई बरस की म्हनै अर सात महीना का भाई नै संभाळ बा बेई विधना का बजरपात नै झेल'र छै महीना बेहोसी में रै'र भी पग संभाळ लिया। बे भला कियां हिम्मत हार सका हा। अब तो दोन्यूं टाबरां रै भविष्य रौ सवाल हो।

नौकरी नीं करण रै कारण ज्यों अबखायां परंपरागत राजपूती परिवार में वे भुगती वे नी चावता म्हैं दोन्यूं भी भुगता। मम्मा म्हां दोन्यूं नै पढा-लिखा 'र आपका पगां पर खड़ो करबो चावता हा।

घर पसरयोड़ा मरघटिया सन्नाटा ऊं जूझती म्हैं सिंझ्या ईस्कूल ऊं घर आई तो मम्मा आपरेसन कराबा तांई अजमेर जावण वास्ते मासीसा ऊं बेग जमवा रिया हा। म्हैं चुपचाप मम्मा री खाट कै नेड़ी जा 'र ऊबी व्हैगी। माजरो समझ में नीं आयौ, ओ हो कांई रेयौ है। 'अंजुड़ा म्हैं, मासीसा अर राजू मामोसा म्हारो आपरेसन कराबा बेई अजमेर जारया हां बेटा। दोन्यूं बैण-भाई नानीसा नै तंग मत करज्यो अर हाल्यो-डोल्यो करवाज्यो। पढाई भी करज्यो। अबकी बोर्ड की परीक्षा है।' मम्मा समझावता थका बोलिया।

'ठीक है।'

'चिंता मत कर ठीक हो 'र बेगी ही आऊं।' म्हैं कीं नी बोली। चुपचाप ईस्कूल ड्रेस बदळबा चलीगी। हियो कळाप करियो। म्हनै नींगै ही मम्मा म्हारी पढाई खराब नीं होवै ईं कारणे ही अत्तो कठोर फैसलो लियो हो। घरआळा का बुझ्योड़ा चेहरा औ तो ध्यान पड़ ही गियो के मम्मा के कोई गंभीर बीमारी है। जदी मिश्रा आंटी आपरेसन नी कर 'र घर भेज दिया। पूरी रात नींद नी आई। पण एक दिन तो ईं स्थिति ऊं आमी-सामी होणो ही हो। जिंया भगवती री इच्छा।

सुबै म्हैं ईस्कूल बेई बैठी अर उण बखत ही मम्मा अजमेर जावण वाळी बस में बैठिया। आंसूड़ा री बैवती धारा आगै कांई होवेलो कोई नी जाणै। सब भगवान भरोसै। सिंझ्या की बेला घर मरघटियो सन्नाटो और दिनाऊं बत्तो हो। म्हारी दुनिया नानोसा कनै जा 'र चुपचाप बैठगी। आज रोटी कीरै गळै नी उतररी ही। 'देखो सा जिद कर 'र चलीगी। काल सारी रिपोर्टां ओम ऊं मंगावा 'र देखली। ध्यान पड़गी के डाक्टर नै कैंसर को बेम है। घणी समझाई पण नी मानी।' कै तौ ई पार नी तो बी पार। मरणो ही है तो ईलाज करा 'र ही मरूं।' टाबरां को कांई होई। नानीसा हिया की

पीड़ नानोसा नै बता रिया हा। मां ही मां की पीड़ जाणै। पण जामण जाई नै हाथांकर मौत का मूंडा में जावता भी तो नी देख्यौ जावै।

'कै तो सांची ही री पण डाकटर कैवो हो कैंसर छिड़ जाई तो.... . बेजा परेसानी हो जाई। मानी ही कोनी।'

'दोन्यूं बाप-बेटी पतासा को मेल हो। राजू केवो हो खून तो च्यार ही रैग्यो। पांच-सात बोतल खून चढाणो पड़सी।' माथा पर चिंता री लकीरां गैरी ऊं गैरी होती जा री ही।

'हूं। डाकटर खियो तो आ ही पण देखो। स्याम का झंवर साब मिलबा आया होला। कांई बतावै।'

अेक-अेक पल डूंगर ऊं भी बत्तो भारी अर बोझ को भारौ बणग्यौ। बेबस.... कीं नी कर सकां। भविष्य रै आगै लाग्योड़ा प्रश्नवाचक.... आगै अब कांई होई। ठाकुर जी ऊं हाथ जोड़ प्रार्थना करी, 'सांभळो, सांवरा सांभळो। अब तो थेई पार लगाओ।'

रोज सिंझ्या आळी बस ऊं मम्मा रा समाचार मिलता रैवता। आज औ खून काल बो देई। बीतता दिनां रै सागै मन भी ऊबचूक हो रियो हो। दिनचर्या गुड़ै ही बस...। पांच दिन पछै नानोसा खिया, 'अंजुड़ा काल थां दोन्यूं बैण-भायां नै उमराव मिलबा बुलाई है। परस्यूं आपरेसन होई। सुबै बेगा तियार हो जाज्यो। पैली बस ऊं ही चालांला।'

मम्मा ऊं मिलबा की बात सुणता ही हरख हुयो पण ओपरेसन को फण फैलाया बैठ्यो डर को नाग फूंफकार्या भी मार्‌यो। फुरती ऊं न्हा-ध ो'र नानोसा कै साथै काळा कुस्ट पड़ग्या मम्मा नै देख'र अेकर तो आंख्यां नै बिस्वास नीं हुयो के अै म्हारा ही हिम्मती मम्मा है। हियो भर-भर आयो पण मम्मा रे सामनै कमजोर नी पड़ी। 'आप बेई कांई ल्याऊं?'

धूजता कमजोर हाथ नै ऊपर उठाय'र मम्मा अेक आंगळी ऊपर करी। म्हैं समझ गी कांई चाहिजै। बोर्ड की परीक्षा में फर्स्ट डिवीजन। अस्पताल री छत मम्मा नै टुकर-टुकर देखता भाई-बैण बेगा ठीक होबा

की प्रार्थना करता दुपाराआळी बस ऊं पाछा गांव आग्या। दूजै दिन आपरेसन हो तो भी मम्मा नै दियोड़ा वचन नै पूरा करबा बेई ईस्कूल गी। पूरै दिन मन घरबरायोड़ो ही रियो पण कोई न ठाणो नी पड़बा दियो।

रातआळी आखिरी बस ऊं मामोसा आया जद बताया कि आपरेसन नीका होग्यो पूणी तीन किला की गांठ कडी है। कैंसर की तो बायोप्सी की रिपोर्ट ऊं ध्यान पड़सी।

आपरेसन पछै मम्मा की तबियत में धीरे-धीरे सुधार होबा लागग्यो। बायोप्सी रिपोर्ट भी नेगेटिव ही आई। जद जा'र सांस में सांस आयो। सात दिनां पछै मम्मा घर आया तो उच्छब सो होग्यो। आपरी हिम्मत रै बूतै कैंसर नै पछाड़ दिया हा। म्हैं रोज मम्मा रा टांका पर पट्टी करती, नूवाती। दस दिन पछै मम्मा नानोसा नै खिया, 'अेक मीनो टाबरां की पढाई खोटी होगी। अब म्हैं परबतसर जाऊं।'

'फेर बाई जिद। अै दोन्यूं तो ईस्कूल जाई थारौ ध्यान कुण राखसी? सी भी घणौ पड़ रियो है। थोड़ा दिन और रुक जा। निवाया दिन आवै जद चली जाजे।'

'नी कंवरसा म्हैं तो अबी जाऊं।' दूजै ही दिन मम्मा म्हां दोन्यूं नै ले'र परबतसर आग्या। हीटर नै ईंटां पर ऊंचो रख'र सुबै दळियो अर खाणौ बणाता, भीत पर मेल'र बरतन धोता। बाकी सब काम म्हैं दोन्यूं भैण-भाई मिल'रकरता। सुबै भरा सियाळा में सुबै च्यार बजे किताब ले'र म्हाके साथ ही पढबा बैठ जाता। भगवती म्हारी भी लाज राखी बारहवीं में फगत फर्स्ट डिवीजन ही नीं बढिया नंबराऊं में पास हुई। आज सरकारी कॉलेज में सहायक आचार्य पद पर काम करूं औ सब म्हारा मम्मा रा त्याग अर तपस्या रौ ही परिणाम है। भगवती अैड़ा मां सबनै देवै।

❑ ❑ ❑

✍ भीवसिंह राठौड़

मां री सीख

मां रौ नांव लियां मूंडौ भरीज जावै। मां सबद कैवतां ही उण मीठै रस सूं भरियोड़ै आखर सूं मां आखै भव में सिरै मानीजै। क्यूंकै इण जग रै मांय जकी आज म्हैं इण जग री इण कायाकल्प रै मांय जकी खुली सांस अर जगत रै मांय विचरण करूं, वा सब मां री वजै सूं ही है। अेक टाबर रौ सीधो अर गहरौ संबंध मां सूं होया करै। मां नौ महिणा खुद बोझ्यां सहन कर आपां नै इण जग रौ उणियारौ बतायौ। मां खुद गीलै में सोई अर आपां नै सूखै में सुहवाण मोटा किया। आपां नै उण मीठै गीतां सूं हिलोरा देवती-देवती सुलाय देवती, हर तरै सूं खावण-पीवण अर सियाळै, ऊनाळै रौ ध्यान राखती, म्हनै म्हारी मां सूं इतरौ हेत है कै म्हैं किण विद बखाण करूं। जितरौ बखाण करूं उतरौ ही कम है।

म्हारी मां हमेसा सूं कैया करै बेटा कदी किणी रौ जीव मत दुखाइजै, हो सकै तौ भोळै, गरीब री मदत करजै, कदैई चोरी मत करजै, बुरी संगत मांय सामळ मत होइजै, अर कैवै कै थारै सूं मोटा होवै उणां रौ आदर कायदौ राखजै, कदैई किणी नै अणबोल्यां आखर नीं कैवणा, जिणसूं आगलै नै किणी भांत रौ दुख होवै। मायड़ कैवै कै कोई खोटौ रिपियौ नीं कमावणौ, खरी कमाई रै आसरै रेवणौ। म्हैं जद टाबर हौ जद भी मां कैवती बेटा पढाई मन लगा नै करणी अर आज भी म्हारी मायड़ रा वै इज आखर है कै बेटा जद तांई थारी इण पढाई रौ पूरौ पाठौ पढीज नीं जावै, जदै तांई पढाई मन लगा'र करणी। इतरी चोखी कोई भलावण दे सकै तौ वो खाली मां ही दै सकै। म्हारी मां कदैई बहनां-भायां में दुभांत कोनी राखी अर बेटी-बेटा नै अेक जैड़ा मान्या। मां हमेसा कैया करै कै

म्हारै जितरौ बेटौ है, उतरी बेटी भी है। आज दिन भी म्हारै कोई समस्या आ जावै तौ म्हैं म्हारी मां नै बताऊं। तौ वा आपरी हियैबळ सूं म्हनै उण समस्या सूं निजात पावण रौ रास्तौ बताय ही देवै। म्हैं आज जद शहर सूं गांव जावूं तौ म्हारी मां उतरौ ही मन राखै जितरौ टाबर पणै में राखती, माथै में हाथ फेरसी, आपरै हाथां सूं चूरमौ कर मुरिया देवै।

म्हारी मां माथै म्हनै इतरौ हेत है कै म्हैं उणां री कैयी कोई बात नै टाळ नीं सकूं। इण वास्तै कैय सकूं कै मां री दियोड़ी भलावण नै कदैई भूलणौ नीं चाहिजै। मां रै बतायोड़ै रास्तै हालणौ अर मां रै बिना बताया कोई काम नीं करणौ। मां हमेसा सूं साचौ अर सटीक रास्तौ बतासी। इण वास्तै म्हैं सगळा मोट्यारां अर टाबरां नै कैवणौ चावूं कै कोई मां सूं बिरसजौ मती। आज जकी जगा हौ, जो भी हौ वे सब इण मां री ममता री वजै सूं है। इण वास्तै मां-बाप रै वास्तै श्रवण बण नै रैवणौ। इण आखरां रै साथै माता-पिता नै प्रणाम!

❑ ❑ ❑

✍ उर्वि जोधा

मां

मां रै बारै में कांई लिख सकै, वां रै प्रेम री चादर ओढ ही तौ आपां सब लिखबा-पढबा जोगा व्हिया हां। मां री बातां बतावां में रस मिळै उण सौ कुण ही त्याग करैला। म्हनै अब जदै अवसर मिल्यौ है तौ म्हैं भी मां रै बारै में दो सबद कैवा री खेचळ करी हूं। मां अेक स्त्री है, दूध जैड़ौ गोरौ रंग है, मोटी आंखड़ल्यां है, सैत जैड़ी मीठी मुस्कान है ने जदै वो आप रा टाबरां सांमी जोवै तौ हेत वां री फूटरी आंख्यां में सिंझ्या काळ री लाली रै ज्यूं भर जावै। वां रौ मूंडौ तो चांद री चांदणी ज्यूं चमकै।

म्हैं आं नै कई बगत देखूं, अै जदै पाळगोती बीड़े तौ ही वां नै ऊंघ आवै। अब अैड़ो भी कठै वे कई, अेक दिन तो ईं बात सूं मन में चिरमिराट मचगी तो पूछ लियो कै रात में तो मिनख डील ने ढीलो छोडै, आराम ऊंदो ई पग लांबा करे ने पछै सोया करे तो आप री आ ऊंदी आदत कियां पड़ी, वे थोड़ो मुळकिया पछे बड़ो मार्मिक पडूतर दियो। वे म्हनै बतायो क वांरी बेटी नै टाबरपणा में सांस री तकलीफ ही, बा रात्यूं बस रोती रैवती। विण नै हल्का हींडा स्यूं ऊंघ आ जावती, पण मां रो मन बीमार बच्ची नै खुद सूं अलग पाळना में सुलावा रौ नीं करतो। वे म्हनै कियौ के म्हारौ तौ खोळौ ही वीं रो पालणौ है, पूरी रात म्हैं बीं नै खोळा में हींडो देती नै साथै थोड़ी झपकियां म्हैं भी ले लेवती। आज वा तौ बडी वेगी, पालणा में तो वीं रौ माथौ ही हींड सकै। पण म्हैं कांई पालणा बणाणौ छोड दूं। माथो तो माथो ई सही। हेत रा मेह में भीजतो वो माथो आज आपरै सांमी आ कहाणी भी बता दी।

❑ ❑ ❑

✍ मीनाक्षी खीची

मां थारा रूप अनेक

जलमियां पछै अेक बेटी, बहू अर लुगाई कितरा इज रूपां मांय रिस्त निभावण वाळी अेक औरत कितरा ई रिस्ता निभावै पण इण सगळा मांय मां रौ रिस्तौ सबसूं जादा मान वाळौ होया करै। मां रै रिस्तै रौ बखाण सबदां मांय नीं होय सकै। आपरै टाबर रै जलम होवण रै पैला ही बा उणरौ गरभ मांय ही पाळण पोखण करण लाग जावै। मां आपरै कदै खुद रौ ध्यान नीं राखै जितरौ आपरै टाबरां रौ ख्यान राखै। मां आपरै टाबर री रक्षा रै खातिर मोटै सूं मोटै खतरै सूं भिड़ जावै पण टाबर पै आंच नीं आवण देवै। मां नै धरती पै भगवान रौ रूप मान्यौ जावै। इण वास्तै आबात कैयी जावै कै 'भगवान हर जग्या नीं रेय सकै इण वास्तै उण भगवान मां नै बणायौ।'

म्हारी मां म्हारै वास्तै म्हारौ पैलौ गुरु ही। म्हारी मां म्हनै संस्कार देवै जका म्हारै पूरी जिंदगी जीवण जीणै में काम आवै। मां आपरै टाबर नै सहीगलत री हमेसा सीख देवै अर उणनै सही रास्तौ दिखावै। कदैई कोई मां नीं चावै कै उणरौ टाबर गलत काम करै इण वास्तै मां टैम-टैम माथै टाबर पर निंगै राखै अर उणनै सफल बणावै।

मां म्हारी खुशी में खुश होवै अर म्हारै दुख में दुखी ई होवै। म्हैं जद हंसां जणै मां ई हंसै, म्हैं जद रोवां जदै मां ई रोवै। इण दुनिया मांय मां अैड़ी है जिकी कदैई आपरै टाबर नै अेकलौ नीं छोडै। म्हैं जद कदैई बीमार हुय जावां जद मां पूरी रात जाग 'र म्हारौ ध्यान राखै, पूरी रात सोवै कोनी। जद दिन पूरी तरियां सूं उगै ही कोनी उणसूं पैली मां री जिम्मेदारियां चालू हुय

जावै। उठतां ही घर मांय सगळं रौ ध्यान राखणौ, नास्तौ बणावणौ, खाणौ बणावणौ, टाबरां नै स्कूल वास्तै तैयार करणौ, उणां नै न्हालाणौ, कपड़ा पहरावणौ, टाबरां रै पी.टी.अेम. जावणौ, टाबरां नै पढावणौ, खाणौ, दूध, दवाई रौ ध्यान राखणौ, सगळां रै कपड़ां रौ ध्यान राखणौ, कपड़ा धोवणा अर इस्तरी करणा। इण तरियां मां इतरा काम करै सगळां रै वास्तै जिकां री गिणती ई नीं कर सकां।

इण संसार मांय लुगायां सूं ज्यादा मिनखां नै ताकत आळौ बतावै पण सबसूं ताकत आळी मां हुया करै। मां जितौ सहन कर सकै उणरौ आधौ ई मिनख नीं सहन कर सकै। मां री बराबरी इण संसार मांय कोई नीं कर सकै।

❑ ❑ ❑

रचनाकारां रौ नांव अर ठिकाणौ

1. डॉ. मनोहरसिंह राठौड़
421, हनुवंत मार्ग, बी.जे.एस. कॉलोनी, जोधपुर (राज)
मो. 98290202755

2. श्री मालचंद तिवाडी
प्रहेलिका, सोनगिरी कुंआ, बीकानेर (राज.)
मो. 9460022824
ईमेल : malchandtiwari@gmail.com

3. डॉ. आईदान सिंह भाटी
8बी/47 तिरूपति नगर, नांदड़ी रोड़,
जोधपुर (राज.)-342001
मो. 9414325867
ईमेल : asbhati.nokh@gmail.com

4. श्री रमेश बोराणा
बोराणा भवन, जालोरी रै मांयनै,
रोग निदान सेवा केंद्र रै कनै, जोधपुर (राज.)
मो. 9414196440
ईमेल : rameshjiborana@gmail.com

5. श्री कमल रंगा
सुकमलायतन, रंगा कोठी, डी96-97,
मुरलीधर व्यास नगर बीकानेर
मो. 9928629444
ईमेल-rangakamal2912@gmail.com

6. श्री मईनुदीन कोहरी 'नाचीज बीकानेरी'
मोहल्ला कोहरियांन बीकानेर–334001
मो. 9680868028
ईमेल : mainudeenkohri@gmail.com

7. डॉ. शारदा कृष्ण
आशादीप, पिपराली रोड,
कोचिंग रै सांम्है, सीकर–332001
मो. 9928743194

8. श्री श्यामसुंदर भारती
'परमानंदम्' फतहसागर, जोधपुर–342001
मो. 94144747899079777197
ईमेल: Shyamazad65@gmail.com

9. डॉ. मंगत बादल
शास्त्री कॉलोनी, रायसिंह नगर–335051
मो. 9414989707
ईमेल : mangatbadal@gmail.com

10. डॉ. जेबा रशीद
मो. 9829332268
ईमेल : zebarasheed7@gmail.com

11. बसंती पंवार
90, महावीरपुरम्, चौपासनी फन वर्ल्ड रै लारै, जोधपुर–342008
मो. 9950538579
ईमेल : basantipanwar53@gmai.com

12. श्री भंवरलाल सुथार
238, रामदेव नगर, डाली बाई मंदिर रै साम्है,
जोधपुर-342001 (राज.)
मो. 6376545732

13. डॉ. प्रकाश अमरावत
पोलो द्वितीय, मकान नं. 37, चारण होस्टर रै लारै, जोधपुर
ईमेल : dparajasthani@gmail.com

14. डॉ. नीरज दइया
सी 107, वल्लभ गार्डन
पवनपुरी, बीकानेर (राज.)-334003
मो. 9461375668
ईमेल : drneerajdaiya@gmail.com

15. श्रीमती प्रमिला चारण
116, मेहाई छांव, 5वीं लेन, शक्ति नगर,
पावटा 'सी' रोड, जोधपुर
मो. 6376952449

16. शकुंतला अग्रवाल
हनुवंत कृपा, 10-बी-12 आर.सी. व्यास कॉलोनी,
केशव हॉस्पिटल के पास, भीलवाड़ा (राज.) 311001
ईमेल : shakuntalaaagrwala3@gmail.com

17. श्री राजाराम स्वर्णकार
शिव निवास, बर्तन बाजार, बीकानेर-334001
मो. 09314754724, 08209463275
ईमेल : rajarampost@g mail. com

18. रेखा लोढ़ा 'स्मित'
सी-207, आलोक स्कूल रोड, सुभाष नगर, भीलवाड़ा-311001
मो. 9829610939
ईमेल : rekhalodhasmit@gmail.com

19. श्री गिरधरदान रतनू 'दासोड़ी'
मु.पो.-दासोड़ी, तहसील-कोलायत, जिला-बीकानेर (राज.)
मो. 9982032642
ईमेल : girdhardanratnu1970@gmail.com

20. डॉ. लक्ष्मणसिंह गड़ा
गांव पोस्ट-गड़ा, तहसील-शेखाला,
जिला-जोधपुर (राज.) -342022
मो. 9571578563

21. डॉ. कृष्णलाल बिश्नोई
बी-111, बिश्नोई भवन, समता नगर,
लालगढ़ पैलेस के पास, बीकानेर (राज.) 334004
मो. 9460002309

22. डॉ. गजादान चारण 'शक्तिसुत'
सह-आचार्य, साकेत केशव कालोनी, स्टेशन रोड़
डीडवाना, जिला-नागौर (राज.)-341303
मो. 9414587319
ईमेल : shaktisut@gmail.com

23. डॉ. मीनाक्षी बोराणा
मंगल प्रांगण, मानजी का हत्था,
पावटा बी रोड, जोधपुर-342001

24. मान कंवर 'मैना'
श्री महेन्द्रसिंह शेखावत
गांव–भवानीपुरा, पोस्ट–चौमूं पुरोहितान,
वाया–खाटूश्यामजी, जिला सीकर
मो. 9950438717
ईमेल : maankanwar99@gmail.com

25. डॉ. करुणा दशोरा
15 न्यू शास्त्री नगर, सेक्टर–3,
हिरणमगरी, उदयपुर (राज.)
मो. 9828028935
ईमेल : karuna.dashora@gmail.com

26. निर्मला राठौड़
विजयसिंह राठौड़
'पदम निवास' पावटा 'बी' रोड
जोधपुर (राजस्थान)– 342001
मो. 9660021521

27. डॉ. हरिमोहन सारस्वत 'रूंख'
रूंख भायला चौक, सूरतगढ, जिला श्रीगंगानगर
मो. 94140.90492
ईमेल : kapurisar@gmail.com

28. डॉ. घनश्यामनाथ कच्छावा
अध्यक्ष, मरुदेश संस्थान, पो.–सुजानगढ–331507
मो. 9887225100
ईमेल : sweatsociety@gmail.com

29. शंकरसिंह राजपुरोहित
कृपाळ भैरू मिंदर रै लारै, सर्वोदय बस्ती,
बीकानेर, राजस्थान - 334004
मो. 07610825386
ईमेल : shankarsinghrajpurohit3@gmail.com

30. किरण राजपुरोहित 'नितिला'
139, सी शास्त्री नगर, जोधपुर-342003
मो. 7568068844
ईमेल : nitilakiran@gmail.com

31. डॉ. अनिता जैन
फ्लेट नं.के-301, राधेकृष्णा अपार्टमेंट
सेक्टर 4, हिरण मगरी, उदयपुर (राज.)-313002
मो. 9829646220
ईमेल : dranitajain@gmail.com

32. श्री तरुण कुमार दाधीच
36, सर्वऋतु विलास, मेन रोड, उदयपुर-313001
मो. 9414177572

33. श्री मदन गोपाल लढ़ा
144 लढ़ा निवास महाजन बीकानेर

34. डॉ. गौरी शंकर प्रजापत
नत्थूसर गेट रै मांयनै,
एमएम स्कूल रै कनै, बीकानेर (राज.)-334001
मो. 9414582385
ईमेल : mr.gaurishanker@gmail.com

35. श्री महेन्द्र सिंह सिसोदिया 'छायण'
गांव पोस्ट-छायण, तहसील-पोकरण,
जिला-जैसलमेर (राज.)
मो. 9587689188

36. श्री अर्जुनदान चारण
गांव पोस्ट-करमावास, जिला-बाड़मेर-344021
मो. 9414482882

37. अरुणा शर्मा अभय शंकर शर्मा
सुभाष कॉलोनी, गली न.-5,I-15 रातानाडा,
डिफेंस लैब रोड़, जोधपुर (राजस्थान)
मो. 8875015952

38. श्री सत्यदीप
श्रीडूंगरपुर

39. मंजु शर्मा जांगिड़ 'मनी'
14, 'मनी विला' विस्तार योजना, न्यू पाली रोड, जोधपुर
मो. 9414128465
ईमेल : Manjujangid165@gmail.com

40. नगेंद्रबाला बारेठ देशनोक
27, कृष्णा कॉलोनी, सुशीलपुरा, अजमेर रोड ,जयपुर
मो. 7838550985
ईमेल : Nagendrabalaratnu@gmail.com

41. मधु वैष्णव 'मान्या'
मो. 7597194287
ईमेल : madhusabilusa@gmail.com

42. विमला महरिया 'मौज'
सीकर राजस्थान
मो. 461541031
ईमेल : ojaswadeep@gmail.com

43. तरनिजा मोहन राठौड़ 'तंवराणी'
610, पावटा बी रोड, न्यू बीजेएस कॉलोनी,
गली नं. 14, जोधपुर–342006
मो. 9829110475
ईमेल : tarnijamohanrathore@gmail.com

44. मंजु किशोर 'रश्मि'
VHE 119, विवेकानंद नगर, कल्पना चावला
सर्किल रै कनै, कोटा
मो. 8441019846ए
ईमेल : manjukumarimeghwal72@gmail.com

45. डॉ. अंजु
सहायक आचार्य हिंदी, राजकीय कन्या महाविद्यालय, अजमेर
गुलाब गैस गोदाम रै कनै, जयमल नगर, लोहागल, अजमेर
मो. 7976229898

46. डॉ. शर्मिला प्रकाश सोनी
सुजानगढ

47. डॉ. उषा श्रीवास्तव
20 Lakeshore Cottagesm Behind Janpriya
Apartment Nelmangla New Town
Bangalore- 562123

48. सरला सोनी मीरा कृष्ण
वरिष्ठ शिक्षक, जोधपुर

49. सिया चौधरी
भास्कर भवन, इंदिरा कॉलोनी, संस्कृत स्कूल रै कनै,
नागौर रोड, डीडवाना, जिला नागौर (राज.)
मो. 7742517118

50. श्री भीवसिंह राठौड़
ग्राम खिरजा फतेहसिंह, पोस्ट–तिबना,
तहसील–शेरगढ, जिला जोधपुर–342028
मो. 9950982240,9828992240
ईमेल : bhivsinghrathore@gmail.com

51. ऐश्वर्या राजपुरोहित
मनणो का बास वरकणा (306601) पाली
मो. 9828752270
ईमेल : aishwarya.rapurohit02@gmai.com

52. उर्वी जोधा
खेजड़ला हाउस कॉलोनी, पावटा 'बी' रोड़
मल्लीनाथ टेनिस, अकादमी रै कनै
मो. 9509410970
ईमेल : jodhavurvee@gmail.com

53. मीनाक्षी खीची
दिलीपसिंह राठौड़
227, वीर दुर्गादास सीनियर सैकंडरी स्कूल रै कनै
सेतरावा, जिला जोधपुर